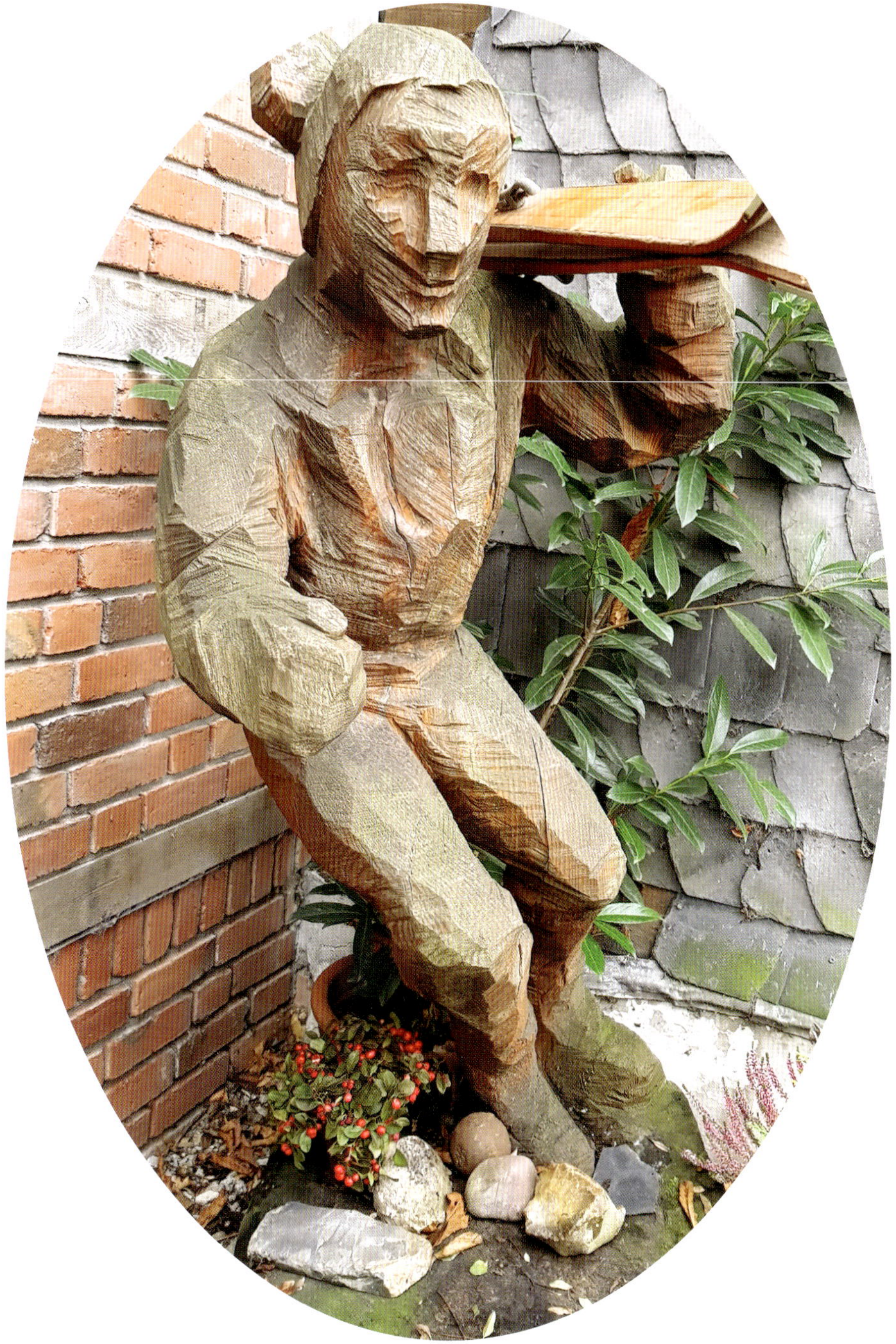

Impressum

SPORTS-Schriftenreihe zum Wintersport Band 31

Skilehrplan SPORTS Band 4

Skifahren: „...und der weiße Schnee kann zaubern..."
Emotion und Ästhetik der alpinen Skitechnik

Herausgegeben von SPORTS in Kooperation mit Udo Killing

Autor   Dr. Walter Kuchler

Lektorat Karl-Heinz Platte

Druck und Verlag   Ski Media in Wulff GmbH
Lütgendortmunder Str. 153
Telefon 0231 6990300
Fax 0231 69903030
e-mail info@druckerei-wulff.de
ISBN: 978-3-88090-127-8
Copyright   2018 by SPORTS

Figuren und Kleinfigurationen aus der Sammlung Walter Kuchler

Der Buchtitel ist entnommen: Felix Riemkasten und Rudolf Leutelt, Skilaufen – Mit Lachen leicht zu lernen. München 1933, Seite 98
Titelbild und Innenbild: Bronzegussfigur und Baumfigur von Isidor Eiter, Sölden, Ötztal

Illustrationen:

Titelbild und Innentitel und Seite 8 von Isidor Eiter, Bildhauer und Bergführer, Sölden, Ötztal, Seite 42: Telemarkfahrer, Jugendstil um 1900, Seite 66 und 68: Skulpturen von Monika Jährig, Marl 1989, Seite 74: Nordische Skigöttin Skadi (nach der Skandinavien benannt ist), Seite 75-77: Kurzlehrgang Carven, alle Fotos von Dieter Menne, Dortmund, Seite 79: Plakette aus Böhmisch Eisenstein 1908

SPORTSSchriftenreihe zum Wintersport 31
Herausgegeben von SPORTS in Kooperation mit Udo Killing

Skifahren:
„...und der weiße Schnee kann zaubern..."
Emotion und Ästhetik der alpinen Fahrtechnik

Walter Kuchler

Inhalt

Vorwort von Karl-Heinz Platte — 7

Einführung von Hubert Fehr — 9

Teil 1 — 11-15

Bewegungsidentische Gefühle und bewegungsaffine Ästhetik
– auf dem Weg zu einem neuen Verständnis

Skigeschichte und Skitechnik	11
Bestimmte Autoren waren mir wichtig	11 – 12
Meine Möglichkeiten in Skibüchern und Testberichten	12
Ein Skitest, der nach Gefühlen fragt	12
Befragungen auf der Piste	12
Medium Frühstücks- und Unterrichtskarten	12
Systematisierung typischer Skigefühle in Skilehrplänen	13
Referat „Man schwingt nur mit dem Herzen gut"	13
„Motions by Emotions – Emotions by Motions" (Kanadisches Programm)	13
Bemühungen in Vorträgen und Publikationen	13
Nicht allein in diesen Bemühungen	13
Zur emotionellen Perspektive des Buches	14
Zur ästhetischen Perspektive des Buches	14
Gewonnene Theorie und Praxis	15
Zur Sammlung von Zitaten zur Ästhetik und Emotionalität der Skitechnik	15

Teil 2 — 17-39

Belletristische Zitate und Texte aus der Literatur
– drei Sammlungen

Textsammlung 1	17
Emotions by Motions – Motions by Emotions	17-23
Textsammlung 2	25-33
Techniken von eigner Schönheit – Charaktere und Expressionen	25-33
Textsammlung 3	35-39
Dem ICH ganz nahe – mitten im WIR – erfasst vom Ganzen	35-39

Teil 3 — 41-56

Impressionen von Ästhetik, Emotion und Selbstbetroffenheit

Die ästhetischen Impressionen

Beispiele komplexer Gestaltung	41
Beispiele von Figurationen	41
Beispiele von Aktionen	42-43

Die emotionalen Impressionen

Wie Bewegungen aus Gefühlen kommen	43
Jede Technik hat ihren Charakter	44
Ein Überblick über allgemeine Empfindungen und Gefühle	45
Beispiele für einige besondere Bewegungsgefühle	45
Beispiel Unterrichtskarten Bewegungsgefühle	47-48
Gütemaßstäbe und Bewegungsgefühle	48-49

Die Selbstbetroffenheit als Impression

Tiefenschichten	49
Rahmen von Intentionen und Motiven	50
Skifahren mit Herz – Carvingphilosophie	50-51
Von der Leidenschaft und dem Glück	51
Das Glück liegt in der Kurve	51-52
Das Ich im Kurvenrausch	53
Hochgefühle des Skifahrens	53-55

Die Bewegungsqualitäten

– Merkmale des emotionalen wie des ästhetischen Gelingens

Rhythmus	55
Dynamik	55
Kraft	56
Harmonie	56
Eleganz	56
Lebendigkeit	56
Leichtigkeit	56
Geschmeidigkeit	56
Perfektion	56
Schönheit	56
Synergetische Kooperationsfähigkeit	56

Teil 4 59-69

Emotion und Ästhetik in den Programmen Biomotorik und Meisterklasse – eine Evolution

Brücken zu den anderen Lehrplanbänden	59
Programm Skitechnik universell	60
Navigation durch die Skitechniken	60-62
Biomotorik als Stil und Eigentechnik	62-63
Biomotorik aus Flex und Rebound	63-64
Biomotorik aus Reflexen	64-66
Werkstation "Meisterklasse"	66-69

Teil 5 71-77

Mit Herz und Phantasie fahren – Zugänge und Einstiege 71

Bewegungen von innen her gestalten	71
Mantras können begleiten	71
Wie man Hochgefühlen „begegnen" könnte	71

Kurzlehrgang Carven – bildstark und emotional 73-75

10 Ratschläge

Lernen – einfach und lustvoll 76

Mit bildhaften Namen fahren – Namen erklären und motivieren	76
Mit Gefühlsprovokationen herangehen – mit Auto– und Fremdsuggestion	76
Mit Marking vorarbeiten – eine mentale Einstimmung	76
Mit Mantras schwingen – die begleitende Suggestion	76
Mit Memorystationen zurückblicken – Nacherleben und Verankerung im Gedächtnis	76
Mit Figurationen sich verwandeln – Körpersprache in Aktionen und Positionen	76
Mit Spielen sich öffnen – Möglichkeiten und Grenzen erkunden	77
Mit Engagement fahren – Expression und Exzession in der Technik	77
Mit dem günstigen Fall rechnen – Gelegenheiten achten und beachten	77
Mit Wachträumen schwelgen – Erinnerungen pflegen	77
Mit klassischen mentalem Training verankern – erprobte Methoden nutzen	77
Mit Erzählungen vertiefen und ausschmücken – beim 5-Uhr-Tee, am Stammtisch, beim Erinnerungstreff	77

Anhang

Literaturverzeichnis

Anzeigen

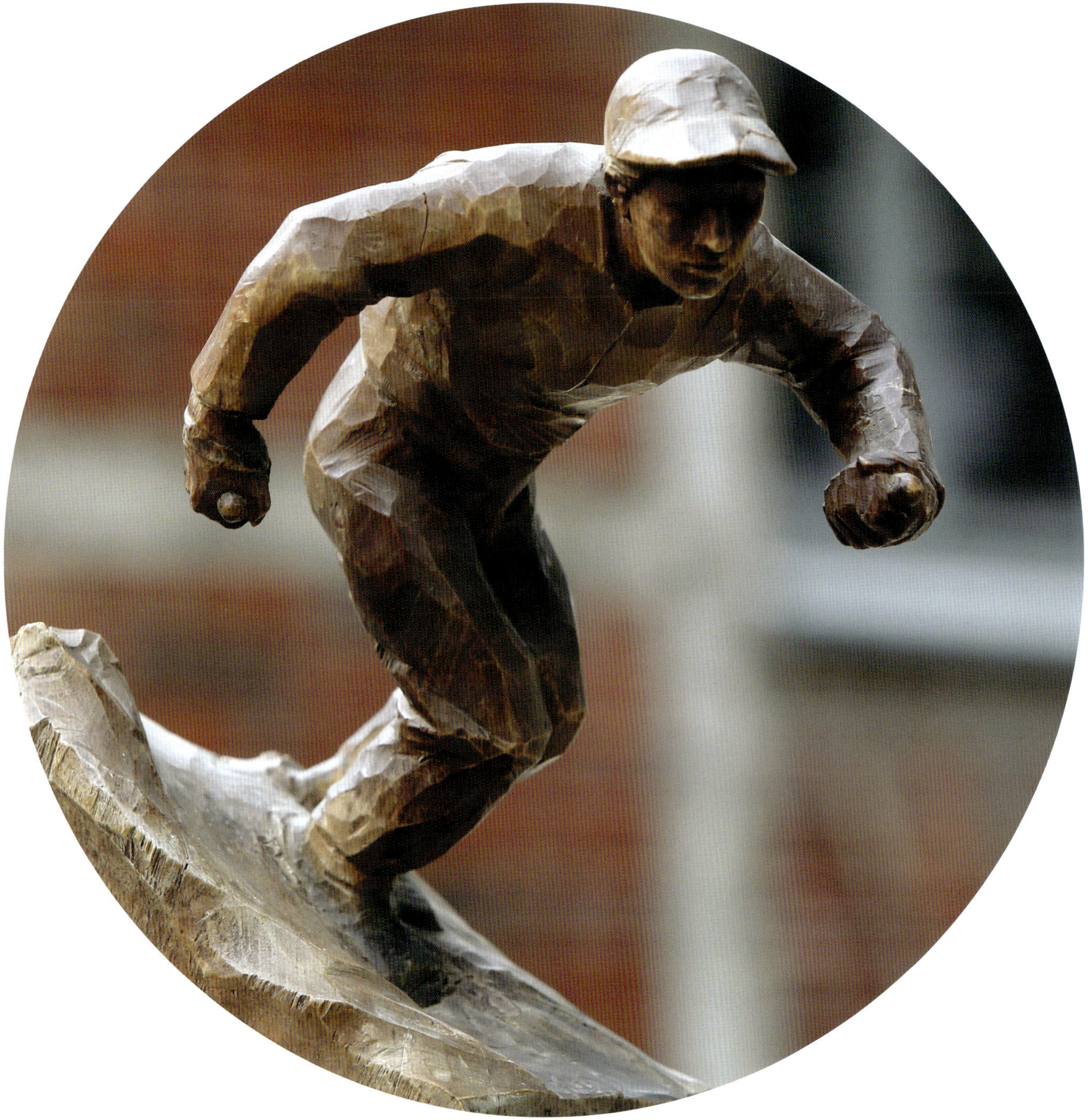

Vorwort

Sport und Kunst: Geschwister oder Gegensätze? Keine Frage – es gibt, auf den ersten Blick, viele Gemeinsamkeiten: das Spielerische, die Zwecklosigkeit, das Streben nach Vollendung, den Vorrang des Emotionalen, die Betonung des Rhythmischen. Zudem sind beide – so Karl-Heinrich Waggerl – „Kinder der Unvernunft". Und wenn Lessing sagt: „Der Endzweck der Kunst ist das Vergnügen", so gilt das schließlich auch für den Sport.

Und doch: Das Verhältnis der Geschwister war (und ist) kompliziert. Eigentlich gibt es nur eine Epoche, in der die Beziehung von Sport und Kunst harmonisch genannt werden kann, in der beide sich wirksam beeinflussten – die Zeit der griechischen Antike. Sie „hinterließ uns jene herrliche Schöpfung, die wir antike Kultur nennen und die mit der griechischen Gymnastik untrennbar verbunden ist" (Carl Diem). Das Ideal der Harmonie, die Eleganz der Kraft, die Vollendung der Schönheit – in der Philosophie, im Sport und in der darstellenden Kunst fanden sie ihren intellektuellen, ihren körperlichen und ihren ästhetischen Ausdruck. Waren der Gymnastik auch geistige und sittliche Ziele gestellt, so wundert es nicht, dass sportliche Feste mit mentalen und musischen Wettkämpfen verbunden wurden.

Aus und vorbei, trotz vieler Versuche, zum Beispiel (im vorigen Jahrhundert) Olympische Spiele mit Kunstwettbewerben in den Bereichen Architektur, Bildhauerei, Malerei, Literatur und Musik zu verbinden, bei denen sogar Medaillen vergeben wurden.

Zum Glück gibt es nach wie vor Sportler, die sich für Künste begeistern, und es gibt Künstler, die sich durch den Sport anregen lassen, besonders übrigens durch den Skisport! Nennen wir exemplarisch aus der darstellenden Kunst:

Max Beckmann, Allan Jones, Lionel Feininger, Robert Delaunay, Willi Baumeister, Gerd Marks, Henri Rousseau, Oskar Schlemmer, Friedensreich Hundertwasser;

aus der Belletristik: Ernest Hemingway, Hermann Hesse, Thomas Mann, Carl Zuckmayer, Erich Kästner, Eugen Roth.

Namhafte Autoren und Institutionen, u.a. FIS und DSV, haben eine Vielzahl wunderschöner Bildbände mit Abbildungen von beeindruckenden Gemälden und Plastiken herausgegeben. Nobelpreisträger und Schriftsteller der „Championsliga", s.o., haben ihre Begeisterung für den Sport in Epik und Lyrik auf vielfältige Weise deutlich gemacht. Gerade aus unserem Sport gibt es darüber hinaus eine bunte Palette alpenländisch eingefärbter Geschichten und Gedichte, Erzählungen und Schmankerl.

Was es noch nicht gibt, ist ein Skilehrplan oder den Lehrplan einer anderen Sportart, bei dem die Künste ganz selbstverständlich einbezogen werden. Ganz sicher gibt es bisher auch noch keinen Lehrplan, der die emotionalen Aspekte des Skifahrens so selbstverständlich und auf so vielfältige Art aufnimmt und deutlich macht.

Nachdem Ausstellungen von Skibildern, belletristische Texte und Gedichte, musikalische Programmpunkte sowie (auch das!) Informationen zur Kultur und Geografie des jeweiligen Skigebietes bei SPORTS-Kursen schon seit langem dazugehören, ist dieser Lehrplan-Band die überfällige Ergänzung und Abrundung unseres Programms.

Zitieren wir noch einmal Carl Diem: „Das rechte Zusammenschwingen von Sport und Kunst ergibt Kultur". Dieser Lehrplan-Band ist ein gelungener Beitrag dazu.

Karl-Heinz Platte

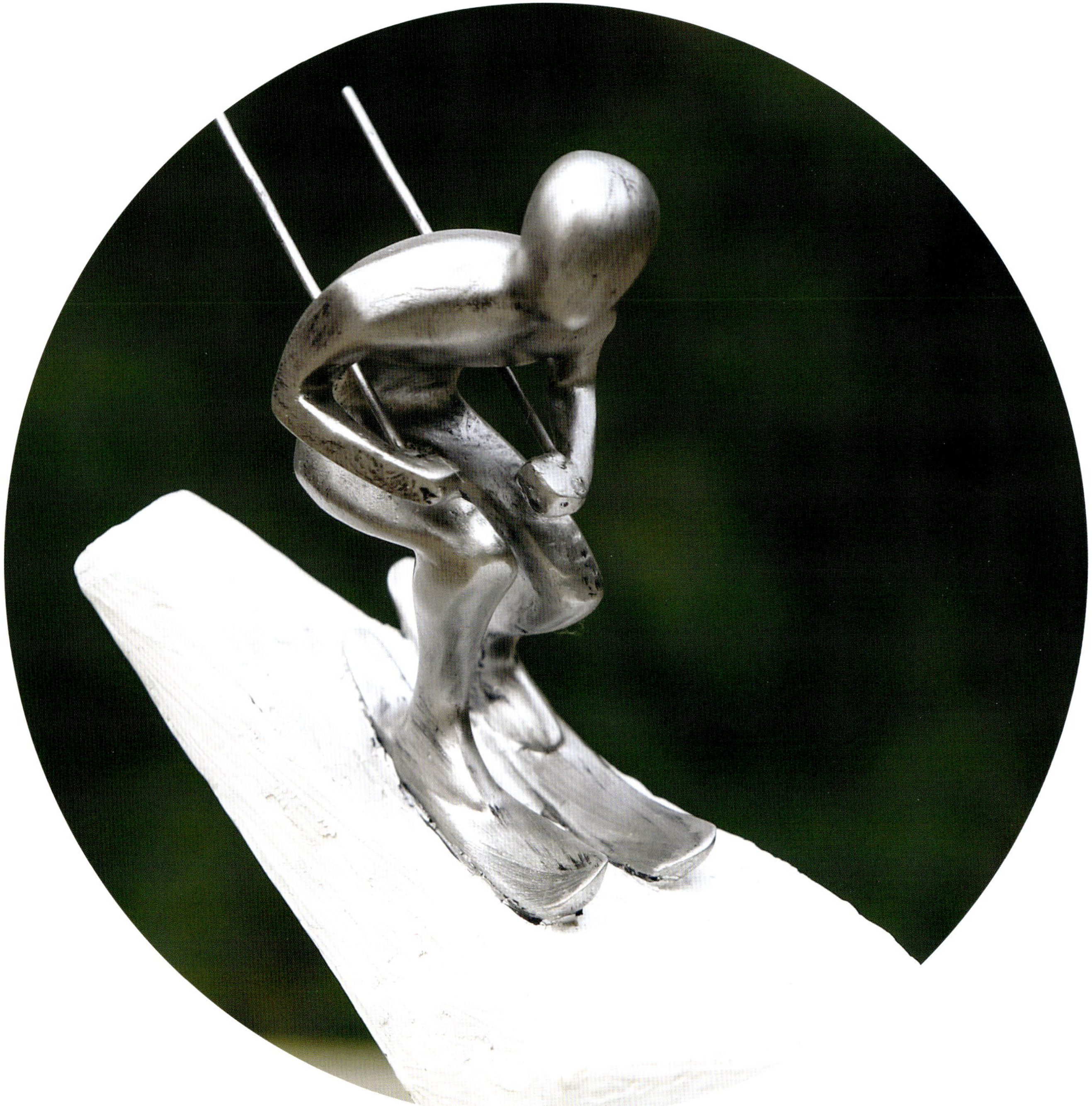

Einführung in die Thematik

Es ist mir ein Anliegen, neben dem einfühlsamen Vorwort in die Thematik von Karl-Heinz Platte noch Animation und Anregungen für Skilehrer und für Lehrgänge von SPORTS zu geben.

Das Thema von Emotion und Ästhetik im Skiunterricht hat Walter Kuchler seit den 1980er Jahren immer wieder behandelt. Der erste Teil des Buches spiegelt diese Arbeit wieder. Dass es nun dazu einen eigenen Lehrplanband gibt, ist in der Geschichte der Lehrpläne, ja der Lehrbücher, einzigartig. Ich hoffe, das ist vor allem unseren Skilehrern bewusst.

Allgemein haben selbstverständlich diese beiden Themen im Skifahren immer eine große Rolle gespielt. Aber nun werden sie auch im zweiten Teil des Buches auf die Skitechnik speziell fokussiert und abgeklopft. Alle Zitate und der große Zitatenschatz haben es mit der Skitechnik direkt zu tun. Und wir finden hier Erstaunliches, Einfühlsames und manchmal auch Berührendes. Letztlich sind diese Zitate nichts anderes als eine Animation für das Skifahren in einer Art, die es bisher nicht gegeben hat. Dass viele dieser Zitate auch literarisch gesehen von hohem Niveau sind, dafür sprechen allein die Beiträge von Nobelpreisträgern.

Für alle engagierten Skifahrer und besonders für Skilehrer bieten die Zitate einen Fundus aus dem sie für eigene Veröffentlichungen, Briefe, Karten, Einladungen und Ausschreibungen für Lehrgänge schöpfen können.

Einige Teile des Buches wenden sich an unsere Skilehrer – und selbstverständlich auch an andere interessierte Skilehrer. Hier wird direktes Handwerkzeug geboten, wie man die emotionale und ästhetische Perspektive in den Unterricht einbringen kann. Ich bin überzeugt, dass sich Skiunterricht in den kommenden Jahren fundamental verändern kann, allein schon wenn man einige dieser Kapitel, wie die über die Bewegungsqualitäten oder über die Hochgefühle, versucht in die Tat umzusetzen.

Dieses Buch erscheint als Lehrplanband. Damit hat es Aufforderungscharakter für unsere Skilehrer und bietet einen sehr speziellen Service für unsere Lehrgänge. Aber ebenso ist es für alle Lehrgangsteilnehmer auch ein neuer Aspekt, die Qualität unserer Lehrgänge aus einem neuen Blickwinkel - aber auch kritisch zu sehen.

Auch der Titel dieses Buches mit dem Zitat „...und der weiße Schnee kann zaubern" sollte alle unsere Skilehrer ermuntern und aufrufen, sich selbst als Zauberer in der Vermittlung der Skifahrkunst zu sehen – so wie wir in dem weiteren Buch „Kurvengeschichten" an einen der großen Zauberer, an unseren Freund Hans Zehetmayer, erinnern.

In diesem Zusammenhang möchte ich aber auch eine andere Initiative ins Gedächtnis rufen, die schon manche unserer Skikurse geprägt hat, an den literarischen Abend. Auch dieser Baustein für Skikurse zielte in die Richtung von Emotion, Kunst und Skilauf. Allen Skilehrern bieten die beiden Autoren Karl-Heinz Platte, der ja diese Initiative ins Leben gerufen hat, und Walter Kuchler an, auf Nachfrage eine Sammlung von literarischen Beispielen zugänglich zu machen.

Abschließend darf ich bemerken, dass auch dieser 31. Band von SPORTS und eben gerade dieser Lehrplanband Zeugnis davon ablegt, dass SPORTS ein lebendiger Verband ist und sich auf dem Weg zum SKI FUTUR bewegt. Für die Herausgabe danken wir besonders dem Mitglied und Sponsor Udo Killing.

Hubert Fehr, Präsident SPORTS

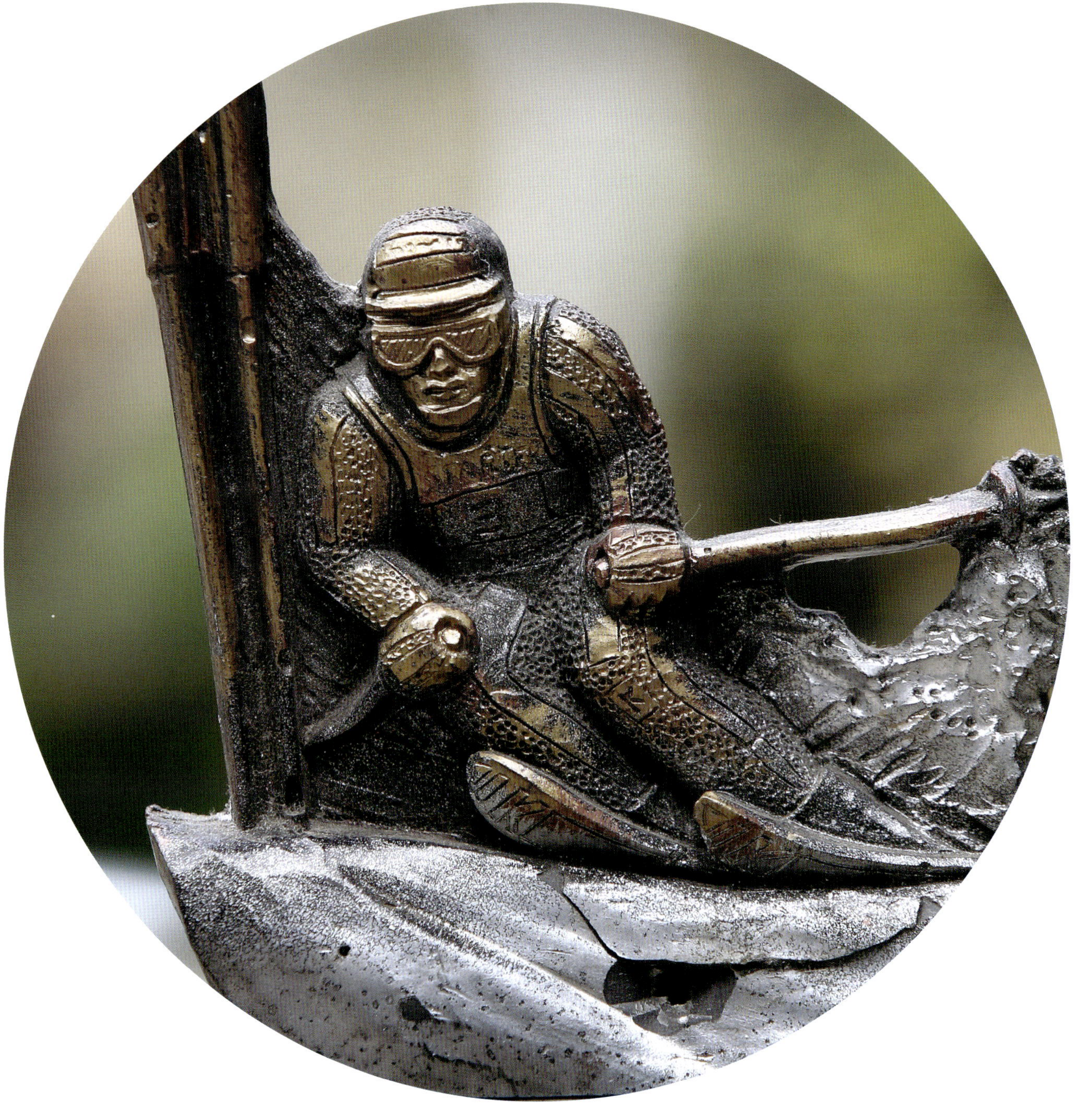

Teil 1

Bewegungsidentische Gefühle und bewegungsaffine Ästhetik – auf dem Weg zu einem neuen Verständnis

Skigeschichte und Skitechnik

Seit wenigen Jahren wissen wir, dass die Skigeschichte bis 8400 vor unserer Zeitrechnung belegt werden kann. Die Funde im Nordosten Europas, in Russland, schieben unser Wissen über die Daten von Rödöy und vom Onegasee nochmals um mehrere tausend Jahre hinaus, wie man sie in den Veröffentlichungen von Grigori M. Burov nachlesen kann. Aber über mehr als 9000 Jahre haben wir keine Zeugnisse, ob und wie die Skiläufer dieser Zeiten, notwendigerweise gelegentlich auch zu Skifahrern wurden, die Abfahrten bewältigten. Meine Beobachtung und Beachtung dieses Themas konnten erst in der Mitte des 10. Jahrhunderts ansetzen. Von da an aber sind die Zeugnisse über das Skifahren geprägt vom Erstaunen, vom Sich-Wundern und von Bewunderung. Diese Schilderungen der Skifahrkunst sind durchweg von einer emotionalen und ästhetischen Sicht geprägt.

Als ich eine Arbeit über die neuere Geschichte und Entwicklung der Skitechnik im 19. und 20. Jahrhundert begann, stieß ich auch (da) immer wieder auf sehr emotionale oder überschwänglich ästhetische Technikbeschreibungen. Eine Zäsur aber scheint der zweite Weltkrieg zu sein. Danach wurden die Technikbeschreibungen immer sachlicher und fachlicher. Speziell die Belege und Beweise für bestimmte Techniken beruhten immer öfter auf biomechanischen Erkenntnissen. Die Arbeiten von Miloslaw Zalesak (SL)... , Gerhard Winter (A) und Erich Müller (A) wurden zur Grundlage für Skilehrpläne. Auch ich habe in meinem Lehrplanband „Skitheorie" für das deutsche Skilehrwesen 1972 Fritz Zintl, einen Münchner Bewegungswissenschaftler, zu einem biomechanischen Beitrag eingeladen. Als der Verband für Wintersport „SPORTS" sich ab Ende der 1980er Jahre der modernen Technikentwicklung stellte, bat er sein Mitglied, den Biomechaniker Thomas Jöllenbeck, um fachliche Begleitung der neuen Theorien.

Ich selbst versuchte ab Ende der 1970er Jahre, vor allem im meinem deutschen Lehrplanband von 1987, die Sicht und Linie von Emotionen und Ästhetik in Zusammenhang mit der Skitechnik zur Geltung zu bringen. Kolleginnen und Kollegen brachten dafür nicht immer Verständnis auf. Immer wieder wurden Bedenken geäußert, ob die Erfassung und Beschreibung von Emotion und Schönheit nicht doch am Problem der Subjektivität scheitern müsste. Ermutigt diesen Weg zu gehen, haben mich dennoch die Stimmen und Zitate, die ich durch Jahrzehnte und bald auch durch Jahrhunderte verfolgen konnte. Dazu kamen, worauf ich noch eingehen werde, die Anregung durch Ute Frevert und durch das kanadische Skiprogramm der 1980er Jahre.

Bestimmte Autoren waren mir wichtig

Interessant sind immer wieder bestimmte Autoren, deren Sinn und Denken uns auch in belletristischen Aussagen und Formulierungen erreicht und berührt. Ich nenne hier beispielsweise Henry Hoek und Josef Dahinden. Einige Autoren der 1920er und 1930er Jahre wie der Schweizer Hans Rolli und der Österreicher Hans Fischer haben sich ganz darauf verlegt, in poetisch anmutenden Texten die Skitechnik aufzuschlüsseln, wobei sich allerdings zeigt, dass sich das allgemeine Sprachempfinden doch deutlich gewandelt hat. Deshalb verzichtete ich bei ihnen auf umfangreichere Wiedergaben. Viele Leser werden auch überrascht sein, wie viele hoch angesehene Literaten, wie Ernest Hemingway und Hermann Hesse, über das Skifahren und sogar speziell zur Technik des Skifahrens geschrieben haben. Auch einige andere Nobelpreisträger haben sich zum Skifahren geäußert, nicht zuletzt mit emotionell geprägten Beiträgen.

Gefühle völlig unterbewertet

„Und was ist mit Gefühlen? Bisher ebenfalls unterbewertet, meint Ute Frevert, Vorkämpferin für eine neue „Emotionsgeschichte". Historisches Handeln sei nie nur rational, immer auch affektiv bestimmt. „Die emotionale Temperatur von Gesellschaften müsse endlich epochenübergreifend gemessen werden."

Simon Straus in seinem Bericht zum 50. Historikertag „Gefühle werden völlig unterbewertet." In: FAZ vom 28. Sept. 2014 Nr. 39, Seite 40

Meine Bemühungen wurden gestützt

Konkrete Gefühlsworte sind notwendig, sagt Professorin Ute Frevert, Historikerin und Direktorin des Max-Plank-Instituts für Bildungsforschung in Berlin, um Gefühle zugänglich und kommunizierbar zu machen. Es gab und es gibt solche Begriffe, aber es scheint, dass in der Skiliteratur der letzten Jahrzehnte die Aufmerksamkeit für Emotionen und Gefühlsbeschreibungen im Rahmen von Skitechnik und Skimethodik immer weniger wurde. Ich habe in meinen Arbeiten für das Skifahren in mehreren Ansätzen versucht, diesem Prozess entgegen zu wirken. Ute Frevert wirbt, wie schon erwähnt, dafür, „Gefühlsworte" zu benennen und damit Realitäten zu stützen und zu differenzierten Wahrnehmungen führen.

Eine spezielle Anregung, mich des Themas anzunehmen, erhielt ich übrigens durch das Programm der kanadischen Skilehrer beim Interskikongress 1983 in Sexten/Italien mit dem Thema „Motions by Emotions – Emotions by Motions."

Möglichkeiten in Skibüchern und Testberichten

Als Verfasser dieser Textsammlung fragte ich mich seit den 1960er Jahren, ob wir in unsere Skilehrbücher nicht wieder, vielleicht auf eine neuere Art, zur Sicht der 1920er und 1930er Jahre zurückkehren sollten. Ich konnte dieses Anliegen in einige offizielle Lehrpläne einbringen, wobei sie mehr als programmatischer Anspruch auftraten. Drei meiner Bücher allerdings dienten direkt der Sache. So das Buch „Skizirkus" von 1985 (als Taschenbuch „Ski-Tricks" von 1991), in dem vom Spielgedanken ausgehend Emotion und vielfältige ästhetische Figuration Eingang fanden. In dem Buch „Die neue Skitechnik" von 1989 stellte ich mich konsequent Kapitel für Kapitel der Frage nach dem emotionellen Gehalt und der ästhetischen Sicht jeder behandelten Skitechnik. Schließlich ging ich in dem Buch „Skifahren – einfach schön" von 2015 meinem viele Jahre lang gehegten Wunsch nach, in einem eigenen Buch einen Beitrag zu dieser Seite der Skikultur zu leisten, so wie es der Buchtitel auch ganz einfach zum Ausdruck bringt.

Ein Skitest, der nach Gefühlen fragt

In 16 Jahren meiner Skitests für die Zeitschriften DER SKILÄUFER und das SKIMAGAZIN spielten in meinen Testkarten auch die sog. Skigefühle eine Rolle, nämlich die Gefühle auf und mit dem Ski. Sie charakterisieren die Eigenart und die Eigenschaften eines Skityps und sie sprechen die Sensibilität des Fahrers an. Dabei sollten unter „Skigefühlen" das Feedback erfasst werden:

- die Gleiteigenschaften des Ski
- seine Tempofestigkeit
- seine Carvingeignung
- sein Halt auf Eis
- sein Handling
- sein Verhalten beim Schritt- und Radiuswechsel
- seine Auslegung auf Flex und Rebound

> **Es wurde dabei klargestellt, dass diese „Skigefühle" die Gefühle des Fahrers sind.**

Befragung auf der Piste

1987 veröffentlichte ich eine Studie zu Bewegungsgefühlen, die im Skifahren eine Rolle spiele könnten. Bei einer Spontanbefragung von über 100 Skilehrern auf der Piste (Diktate in Aufzeichnungsgeräte) schälten sich in der Auswertung folgende Bereiche heraus:

Typen von Bewegungsgefühlen

- instrumentale Bewegungsgefühle z. B. durch die Ski
- mediale Bewegungsgefühle z. B. durch die Schneeart
- figurale Bewegungsgefühle z. B. durch die Bewegungspositionen
- situative Bewegungsgefühle z. B. durch den Steilhang
- szenische Bewegungsgefühle z. B. durch den gelungenen Skitag
- und energetische Bewegungsgefühle z. B. durch das Feedback von Kraft und Dynamik.

Medium Frühstücks- und Unterrichtskarten

Ich darf noch von weiteren Bemühungen zum Thema „einfach schön" berichten, auch wenn diese nur Mitgliedern unserer Vereinigung „SPORTS" zugänglich waren und nicht die Veröffentlichungsform als Buch erreichten. Das waren einmal die „Frühstückskarten", die ich über viele Jahre in meinen Lehrgängen Tag für Tag auslegte. Sie dienten der Animation und Motivation. Eine zweite Reihe von Karten war als unterrichtsbegleitende Möglichkeit ausgelegt. Sie konnten vor allem in Unterrichtsformen wie „Auch freies Üben" oder „Nachmittags allein mit Aufgaben" oder in der besonderen Unterrichtssituation einer Skihalle angewendet werden. Bei diesen 50 Unterrichtskarten diente die Hälfte dem emotionalen und dem ästhetischen Anliegen.

Systematisierung typischer Skigefühle im Skilehrplan

Als Autor des deutschen Skilehrplans Band 8 „Skiunterricht" legte ich 1987 einen Vorschlag zur Einteilung typischer Skigefühle vor:

- Schnee-, Ski- und Stockgefühle
- Körpergefühle
- Lauf- und Fahrgefühle
- Ich-Gefühle
- Hoch- und Glücksgefühle
- Wir-Gefühle

Dazu machte ich Vorschläge, wie man Gefühle ansprechen könnte, beispielsweise als Selbstsuggestion und Selbstprovokation, um bestimmte Lernziele zu erreichen.

Referat „Man schwingt nur mit Herzen gut."

1987 entwarf ich als deutschen Beitrag auf dem Interskikongress in Banff/ Kanada einen Vortrag und eine Demonstration mit dem eben genannten Thema. Es war ein Vorstoß auf internationalem Parkett. (Die Formulierung lehnte sich bewusst an eine Sentenz aus „Der kleine Prinz" von Saint Exupery an.) Konkret ging es um das Verständnis von emotionalen Bewegungsinhalten und ihre mögliche fahrerischen Expression. Dieser Ansatz traf sich mit einer kanadischen Initiative.

„Motions by Emotions – Emotions by Motions"

Gefühle gestalten Bewegungen und aus Bewegungen erwachsen Gefühle. Diese vor allem im Englischen gelungene Formulierung ist schon allein für sich ein Programm. Für das kanadische Skilehrwesen, das sich auf dem gleichen Kongress dieser Vorgabe stellte, war es sicherlich eine spannende Aufgabe, dafür auch eine angemessene Praxis zu entwickeln.

Meine weiteren Bemühungen in Vorträgen und Publikationen

Ich versuchte und versuche, in das Denken über Gefühle in der Motorik des Skifahrens einige Ansätze zu unterstützen oder neu einzubringen:

- für detaillierte spezielle Bewegungen wie die Schwungformen charakteristischen Gefühlen nachzuspüren und damit die Bewegung selbst besser zu verstehen,
- ganze Schulen, wie die Perioden der Rotations- und der Beinspieltechnik, in ihrem emotionalen – wie auch ästhetischen – Gehalt zu erfassen,
- im Sinne Ute Freverts auch neue Worte und Begriffe zu erfinden und damit die einzelne Bewegungskunst besser kommunizier- und lehrbar zu machen,
- Rahmen und Übersichten zu erstellen, wie diese Ziele erfassbar und vermittelbar gemacht werden könnten,
- konkrete Vermittlungsmöglichkeiten, Strategien und Methoden für Lehrer zu entwerfen,
- schließlich meiner Ausgangsthese von 1987 nachzugehen, dass jede komplexere Bewegung, eine eigene, spezifische Emotion hat.

Diese Bemühungen sind auch niedergelegt in meinem Buch „Die neue Skitechnik". (Reinbek b. Hamburg 1989)

Nicht allein in diesen Bemühungen

Nicht viele Autoren gingen diese Wege, aber ich war doch nicht allein. Als Beispiel ziehe ich Gunnar Drexel heran, der eine Liste zusammenstellte, in welchen intentionalen Zusammenhängen das Skifahren steht. Emotionale und ästhetischen Orientierungen stehen dabei im Vordergrund. Es werden „miteinander zusammenhängende Aktions-Erlebnisorientierungs-Komplexe" aufgezählt:

- hedonistisches Fahren (Genuss, Freude usw.)
- ästhetisches Fahren (Schönheit, Harmonie)
- kollektives Fahren (Gemeinsamkeit, Communitas in Formationen usw.)
- kreatives oder experimentelles Fahren (Entdeckung von Neuem usw.)
- sportives Fahren (Tempo, Risiko usw.)
- kompetitives Fahren (Freuden durch Erfolg oder Sieg usw.)
- kuratives Fahren (Gesundheit, Sicherheit usw.)
- akquisatives Fahren (Freude am Lernerfolg bzw. Können).

„Persönlicher Stil und Glückserlebnisse im alpinen Skilauf – Zum Prinzip der Individualisierung und zu dessen Anwendung auf „Stilzentriertes Drehen". In: „Skilauf und Snowboard in Lehre und Forschung" (11), Red. Gustav Schoder. Hamburg 1995, Seite 25 f.

Zur emotionalen Perspektive des Buches

Motions by Emotions – Emotions by Motions! Diese programmatische Formulierung verdanken wir also dem kanadischen Skilehrwesen. Ein schönes Wortspiel. Es erschließt sich auch einem deutschsprechenden Skifahrer sofort. Übersetzt wirkt es umständlicher: Bewegungen lösen Gefühle aus – Gefühle steuern Bewegungen.

Die Historikerin und über lange Jahre Vorsitzende des Institutes für Bildungsforschung der Max-Planck-Gesellschaft, Frau Prof. Dr. Ute Frevert beklagt in mehreren Veröffentlichungen (z. B. „Vergängliche Gefühle". Göttingen 2012), dass die Beachtung und Erforschung des Themas Emotionen immer noch durch überholte Vorstellungen über die Objektivierbarkeit der Gefühle blockiert sei. Sie meint dagegen sogar, dass wir so weit gehen sollten, neue Gefühlsworte zu erfinden.

> **Theorie der bewegungsidentischen Gefühle und der bewegungsaffinen Ästhetik: Es gibt bewegungsidentische Gefühle. Jede komplexere Bewegung ist von typischen Empfindungen und Gefühlen begleitet.**

Seit diesen Versuchen gibt es mehr und mehr wissenschaftliche Beiträge und Untersuchungen in verschiedenen Disziplinen zur Emotionalitätsthematik. Einige davon kommen auch auf das Problem Bewegung und Emotionalität zu sprechen. Ausdrücklich auf die sportliche Bewegung als eigenem Habitus des Könnens bezieht sich eine weitreichende Feststellung aus dem Jahre 2012 von Monique Scheer, die sich in der umfangreichen Studie „Geschichte und Gefühl – Grundlagen der Emotionsgeschichte" von Jan Plamper findet. Sie konkretisiert, was ich unter Identität der Gefühle fassen wollte und geht darüber hinaus. Ich betrachte sie als eine Magna Carta der sportlichen Bewegungsemotionalität.

Die fundamentale Voraussetzung der Bewegungsgefühle

„Wenn das Benennen von Gefühlen … diese für Erfahrung zur Verfügung stellt, dann bedeutet das … nichts weniger als das Schreiben von Emotionsgeschichte im ganzen Sinne des Wortes."

Monique Scheer bespricht Emotionalität am Beispiel komplexen Könnens, zu denen sie auch die sportliche Technik zählt: „Habitus beschreibt Körperwissen, das sedimentiert ist, also eingeschliffen und abgelegt." Habitus haben klassischerweise Sportler, „die schnelle, komplizierte Bewegungen ausführen".

Der Habitus als „der gekonnte Einsatz des Körpers in automatischen Bewegungen, Impulsen und Aktivierung ist eine durch Mimesis erlernte Praktik, die dauerhafte Veränderungen beim Körper und dem Gehirn bewirkt. Habitualisierte Körperhaltungen und Bewegungen bauen Muskelgewebe, Nerven und Blutgefäße in einer Körperregion auf, in einer anderen jedoch nicht, sie verkürzen einige Sehnen und machen andere länger, sie beeinflussen die Knochendichte und -form, und sie veranlassen den spezifischen Aufbau von Gehirngewebe."

Monique Scheer, „Wissender Körper", Are Emotions a Kind of Practice? Zit. bei Jan Plamper, Geschichte und Gefühl. Grundlagen der Emotionsgeschichte. München 2012, Seite 422 f.

> **Wer das Skifahren erlernt, erlernt eine neue Körpersprache, erwirbt Kompetenzen und sammelt Erlebnisse. Das ist die Grundlage für neue spezifische Emotionen und neue spezielle ästhetische Vorstellungen. Beide bleiben im Gedächtnis, in der Motorik des Körpers, im Körperwissen als eingegangene Vorstellung und Erinnerung erhalten.**

Zur ästhetischen Perspektive des Buches

Figuration, Expression und Körpersprache sind nicht nur ein individueller Ansatz in der Betrachtung der skifahrerischen Ästhetik, sondern betreffen auch (die Technik oder) die jeweiligen Techniken selbst. Im Gegensatz zur vernachlässigten emotionalen Komponente einer Skifahrtechnik wurden die Figurationen von Stellungen, Lagen und Positionen im Laufe der Entwicklung nach beinahe allen Dimensionen förmlich durchexerziert. Wir sehen uns einer Legion von Möglichkeiten gegenüber. Körpersprache und Expression der Technik sind nicht nur individuell, sondern bewegen sich in bestimmten Rahmen. Dabei hat jede Schule und jedes technische System ganz bestimmte Vorgaben und auch Einschränkungen. Es gibt nichtkombinierbare Elemente. Die Technikanweisung „Vorlage" beispielsweise lässt sich nicht mit Jetten- und der Hüftknick lässt sich nicht mit der Boardertechnik, der Technik der Snowboarder auf Ski, kombinieren.

Eine zweite ästhetisch orientierte Betrachtungsweise betraf immer schon die Bewegungsqualitäten. Diese waren zwar gelegentlich angesprochen, aber wenn, dann bei bestimmten Techniken, wie dem Wedeln. Ich werde sie nach den klassischen Begriffen wie denen des Rhythmus, der Eleganz oder der Kraft aber auch nach neueren Ansätzen besprechen.

> **Meine These: Jede komplexere Bewegung verfügt auch über eine für sie affine Ästhetik.**

Wie viele Gefühle gibt es überhaupt?

In einer Debatte von Buchhändlern und Vertretern der Kette Thalia meinte ein Mitglied der letzteren: „Es gibt mehr Gefühle als Emojis." Der berichtende Journalist bemerkt hierzu: „Aktuell existieren 2823 Emojis".

Peter Praschl, „Lesen ist auch nur ein Geschäft". In: WELT AM SONNTAG vom 2.12.2018, Seite 57

Abgesehen von den Übertreibungen in einer Debatte, könnte man wirklich feststellen, dass auch unsere Kultur über die Grundgefühle hinaus sich wenig einer Differenzierung der beschreibbaren Gefühle gewidmet hat. Das trifft auch auf die Bewegungsgefühle zu. Aber gerade deshalb halte ich an meiner Theorie, die mehr als eine These sein sollte, fest:

> **Komplexe Skitechniken und übergreifende skitechnische Konzepte verfügen über je eigene identische Bewegungsgefühle und über eine je eigene affine Ästhetik.**

Dafür auch das Programm „Man schwingt nur mit dem Herzen gut."
Dafür ebenso das Programm „Motions by Emotions – Emotions by Motions."

Gewonnene Theorie und Praxis

Die Teile 3 und 4 bieten Übersichten und Beispiele, die sich aus der Arbeit der letzten Jahrzehnte zu den Themen Emotion und Ästhetik in der Skitechnik herausgeschält haben. Die Zitate haben dabei viele Anregungen geboten, als Animation gewirkt und zu Inspirationen herausgefordert.

Die gewonnenen Thesen, Übersichten und Beispiele sind als Angebot zu sehen, Skitechniken neu zu interpretieren, neue Zugänge zu ihrem Verständnis zu öffnen und für den Skifahrer eine erweiterte Welt der Möglichkeiten anzubieten. Ebenso werden dazu einige Lern- und Lehrangebote aufgezeigt.

Ich bin überzeugt,

dass die jeweiligen identischen Bewegungsgefühle und die identischen ästhetischen Figurationen die Potenz in sich tragen, das Erlernen des Skifahrens zu verändern und das Skifahren persönlich zu bereichern.

Schließlich geht es auch um eine Neuinterpretation der Skitechnik.

Zur Sammlung von Zitaten zur Ästhetik und Emotionalität der Skitechnik

- Der Zitatenschatz kam zustande, als ich die Literatur auf Technikbeschreibungen überprüfte. Er ist arbeitstechnisch als ein „Abfallprodukt" zu sehen. Wollte man gezielt nach weiteren belletristischen Texten suchen, würde man schnell fündig.
- Die Sammlungen von Texten und Bildern haben alle einen Bezug zur Skifahrweise. Es geht also nicht um das Skifahren allgemein. Ganz klar kann meine Einteilung der Zitate in drei Gruppen nicht gelingen. Viele der Zitate sprudeln vor Emotionen und sind zugleich ästhetische Expression.
- Ich bitte, die Überschneidungen und meine Zuordnung in der Aufteilung der Zitate in Kauf zu nehmen. Es geht mir einfach darum, den Blick zu schärfen und die eigene Formulierungskunst anzuregen. Der Lesefreude jedenfalls sollte dies keinen Abbruch tun.

Der Sache nach wird hier auch mein Buch „Skifahren – einfach schön" berührt. Dort ist der Blickwinkel weiter geöffnet. Wer für sich weiter sein eher schöngeistiges, emotionales und ästhetisches Interesse am Skifahren als solches verfolgen möchte, wird dort fündig werden.

Was ich mir von der Sammlung der Texte erhoffe,

- dass sie unterhaltsam sind und beim Lesen Vergnügen bereiten
- dass man etwas davon lernen kann
- dass ich damit einen Beitrag im Bereich des Skifahrens zu einer Bejahung von Gefühlsperspektiven und ästhetischer Bejahung leisten kann
- dass mancher Skilehrer in sich geht und (sich) sein Sprechen und Lehren zur Skitechnik verbessert
- dass manche Arbeitspapiere, Flugblätter, Tagebucheinträge, Geburtstagskarten mit einem schönen Zitat versehen werden
- dass sich meine Leser*innen nach dieser Lektüre bemühen, gute Formulierungen für ihr Erzählen vom Skifahren zu finden
- dass mancher Skitag und manche Abfahrt mit der Erinnerung an ein Zitat aus der Sammlung beginnen kann
- dass alle Leser*innen nach dieser Lektüre ihr Skifahren noch schöner finden
- dass zusammen mit der Lektüre die identischen Bewegungsgefühle und die identischen ästhetischen Figurationen eine große Animation und Inspiration für viele Skifahrer werden.

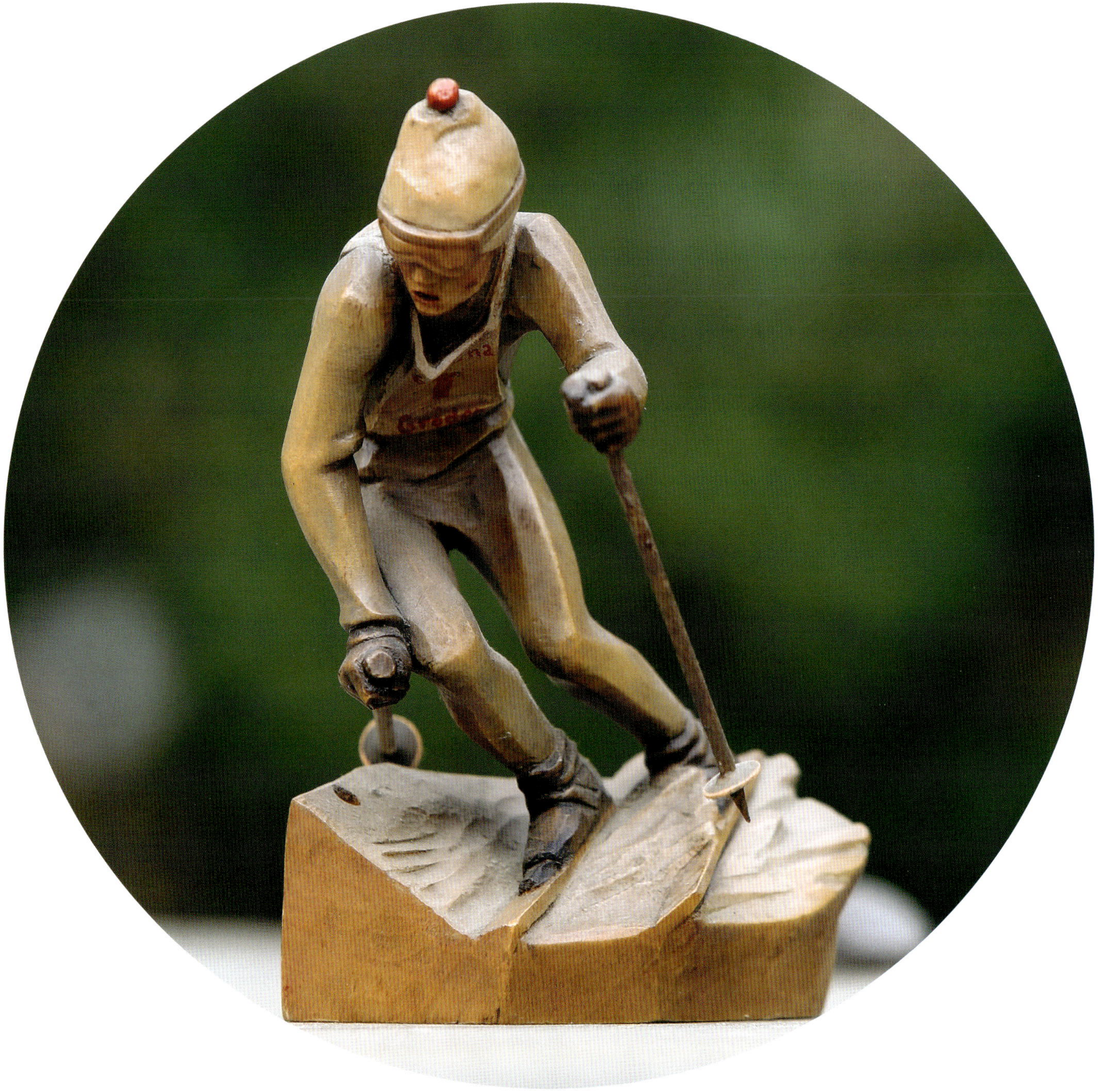

Teil 2

Belletristische Zitate und Texte aus der Literatur – drei Sammlungen

Die Textsammlung entstand in erster Linie bei der Durchsicht der Fachliteratur zur Skitechnik. Dazu kamen aber auch Zitate aus der sog. schönen Literatur, der Belletristik. Da diese Zitate und ihre Fundorte nicht direkt im Fokus meiner Suche und meiner Untersuchungen standen, werden sowohl die Fachliteratur wie die allgemeine Belletristik noch viele Schätze dieser Art bergen. Manche Zitate finden sich bereits in meinen Büchern der letzten Jahre.

Ich versuche die gefundenen Schätze in drei Blöcke aufzuteilen. Ganz klar kann das nicht gelingen. Es kommt zu Überschneidungen. Ich bitte meine Zuordnung bei der Aufteilung der Zitate in Kauf zu nehmen. Es geht mir einfach darum, den Blick zu schärfen, indem man die Zitate unter bestimmten Blickwinkeln anschaut. Der Lesefreude jedenfalls sollte dies allerdings keinen Abbruch tun.

Textsammlung 1

Motion by Emotions – Emotion by Motions

9. Jahrhundert „Durchmessen eigenwillig jeglichen Raum"

„Finnen gleiten auf glatten Kufen schnell dahin, durchmessen eigenwillig jeglichen Raum und sollen imstande sein, sich rasch zu nähern und zu entfernen...Auf gekrümmten Brettern durchfahren sie ihre schneebedeckten Berge."

Aufstiege mittels „Kreiswege", gewundenen „Kreislinien" und „schlaues Herumgehen" aufwärts."

Saxo Grammaticus (1150 – 1220) berichtet vor allem über das 9. Jahrhundert: Saxo Grammaticus – Gesta Danorum. Vollständige, übersetzte und kommentierte Ausgabe von Hans-Jürgen Hube. Wiesbaden 2004, Seite 40, 306 und 541

1060 „Jäh raste er herunter"

„Heming klomm nun den Berg in die Höhe, trat oben auf seine Schneeschuhe und fuhr dann den Berghang hinab. Jäh raste er herunter. Es war fast ein Wunder, daß es kein Todessturz ward. Doch blieben die Schneeschuhe fest an seinen Füßen haften. Nun kam er herab zum Standorte des Königs und seiner Mannen. Am äußersten Rande der Klippe stemmte er seinen Schistab ein und schwang sich in die Luft. Die Schneeschuhe flogen unter ihm hinweg und Hemming faßte Fuß auf dem äußersten Felsvorsprung."

Ein erzwungenes Schaulaufen vor König Harald dem Harten
Text bei Erwin Mehl, „Grundriss der Weltgeschichte des Schifahrens". Schorndorf bei Stuttgart 1964, Seite 75

1555 „Und beherrschen windungsreich die Abfahrt"

- „Krummer, schneller Lauf"
- „Schier so geschwind auff die hohen Spitzen der schneechten Berg mit ihren langen krummen Hölzern lauffen"
- „Auf glatten schlüpfferigen Hölzern schnell daher laufen und rutschen"
- „Hurtig, mit behendigkeyt wenden/wohin sie wollen"
- „...und beherrschen winddungsreich die Abfahrt"

Olaus Magnus, „Beschreibung allerley Gelegenheyte / Sitten / Gebräuche und Gewohnheyten der Mitnächtigen Völker". Texte und Bilder Seite 9, 75, 77 und 91 der deutschen Ausgabe von 1567 (Erstausgabe lateinisch 1555)

1689 Hindernisse umfahrend

„Denn sie winden und krümmen solche ihrer Abfahrt Schlangenweise."

1689 Bericht des Freiherrn Johann Weichard Valvasor über das Skifahren auf der Bloke (Slowenien), Texte bei Erwin Mehl, „Grundriss der Weltgeschichte des Schifahrens". 1964, Seite 125-135

1893 Mit dem Schnee Bekanntschaft machen

„Im Allgemeinen kommt es für die Erlernung darauf an, daß man sich vor dem Stürzen nicht scheut, und daß man so bald als möglich mit dem Schnee durch Stürzen Bekanntschaft macht und dann diese Art von Verkehr lebhaft pflegt."

O. Vorweg, „Das Schneeschuhlaufen". Warmbrunn 1893, Seite 13

1911 Zdarskytechnik „für ältere, nervenschwache Leute"

„Die ganze Zdarsky´sche Methode lässt Caulfeild nur gelten für ältere, nervenschwache Leute, die keine anderen Ambitionen haben, als Spazierengehen auf Skiern. Mit Skilauf hätte diese Methode aber nichts zu tun. Es sei die verzerrte Anwendung von etwa einem Zehntel der einzig richtigen norwegischen Fahrart."

Vivian Caulfeild, Rezension in: „Ski-Chronik 1910/11. Jahrbuch des Mitteleuropäischen Skiverbandes", Seite 206

1925 „Ein schaukelndes Körperwiegen in Hüften und Rücken"

„Das Telemarkschwingen ist ein schaukelndes Körperwiegen in Hüften und Rücken auch während stiebender Schußfahrt. Lebhaftes Empfinden, Unternehmungsgeist, Anpassungsvermögen, verbunden mit selbstbewusster Ruhe und Beherrschtheit, machen den tüchtigen Telemarkfahrer aus...

Er lernt, sich vornehmlich der Ruhe und Schönheit der Winternatur hingeben und diese selbst in sich aufnehmen. Soweit die Schneefelder locken, führt ihn der sicher gesteuerte Ski; seine Körperhaltung ist vornehm, ruhig, seine Gliedmaßen sind ungezwungen frei. Er lebt in Harmonie mit der Umgebung."

Josef Dahinden: „Die Skischule". Stuttgart 1925, Seite 63

1926 „Unsagbar kühn und schneidig ausgesehen"

„Hast Du nicht immer mit blassem Neid beobachtet, wie ein Skiläufer aus flotter Fahrt plötzlich ein Bein vorgestreckt hat und darauf sofort, pulverschneeaufwirbelnd, stehen geblieben ist? Das hat unsagbar kühn und schneidig ausgesehen."

Rudolf Katscher, „Skilehrbriefe an Sie. Die Arlbergtechnik in 15 Tagen". Wien 1926, Seite 43

1926 „Das Tänzeln auf der Übungswiese"

„Das Wesen der Skilauftechnik ist Einfachheit der Bewegung, aber deren vollste Beherrschung in jedem Gelände. ... Eine gewisse Ausnahme macht das Tänzeln auf der Übungswiese."

Hermann Amanshauser in „Der Winter" 1925/26. München, Seite 38

1927 Kobolde auf Kurzski

Hemingway berichtet über seine einheimischen Träger, dass sie „auf ihren kurzen Skiern wie Kobolde zu Tale schossen."

Ernest Hemingway 1927. In: „Paris. Ein Fest fürs Leben". Reinbek bei Hamburg 2011, Seite 142

1927 „Seinen Körper eindrehte, als ob er eine Schraube anziehe"

„Er hielt sich links, und zum Schluß, als er mit fest zusammengepreßten Knien auf den Zaun zuraste und seinen Körper eindrehte, als ob er eine Schraube anziehe, brachte er sein Skier in dem aufstäubenden Schnee scharf nach rechts herum und verlangsamte die Geschwindigkeit parallel zu Berghang und Zaun."

Ernest Hemingway 1927. In: „Paris. Ein Fest fürs Leben". Reinbek bei Hamburg 2011, Seite 143

1927 „Tief gebückt in die Geschwindigkeit hineingelehnt"

„Schließlich die große Abfahrt den Gletscher hinunter, glatt und geradeaus, ewig geradeaus, wenn die Beine das aushielten, die Knöchel eng aneinander, tief gebückt in die Geschwindigkeit hinein gelehnt, fielen und fielen wir im stillen Zischen des Pulverschnees. Das war besser als Fliegen und alles andere."

Ernest Hemingway 1927. In: „Paris. Ein Fest fürs Leben". Reinbek bei Hamburg 2011, Seite 143

1928 Wild und unbändig und – Wedeln

„Dann fuhr er dahin, wild und unbändig. Tief im Schnee hockend, sauste er auch die steilsten Hänge im Schuß hinab, bremste höchstens einmal mit ein paar kurzen Wedlern ab und schwirrte gleich weiter. Auf und ab wippte sein Körper die kleinen Unebenheiten des Bodens aus; wenn die Neigung sich änderte, hob er sich hoch auf, um mit erneuter Gewalt die Bretter in Schuß zu treten."

Hans Fischer, Hinze Haugh, „Der Schneeschuhfahrer". In: „Der Bergsteiger". Wochenschrift für Bergsteigen, Wandern und Skilaufen. Wien 1928, Seite 127

1928 „Rannte, schob, pumpte und landete endlich"

„Flitsch, flatsch, surrten die Bögen über einen steilen Hang, puihhh pfiff der Wind um seine Ohren, ffhhhh rauschte die Schußfahrt unter seinen Schienen. Der Schneestaub prickelte ihm im Nacken, die Augen zwinkerten in der rasenden Fahrt. Hoppla! sprang er über eine Mulde hinab, hopp hopp hopp hin und her zwischen den Baumstrünken einer Schneise, dann riß er einen weiteren Bogen auf das letzte Straßenstück; mit aller Armkraft stieß er trotz der angenehmen Neigung die Stöcke hinter sich, tanzte oft drei, vier Schritte aus dem Gleichgewicht, rannte, schob, pumpte und landete endlich auf dem knirschenden Sand vor dem Bahnhof."

Hans Fischer, Hinze Haugh, „Der Schneeschuhfahrer". In: „Der Bergsteiger". Wochenschrift für Bergsteigen, Wandern und Skilaufen. Wien 1928, Seite 127 f.

1928 „Kunst des Balancierens in sausender Fahrt"

„Das ungewöhnlich tiefe Glücksgefühl, das uns ergreift, wenn wir unter Beherrschung dieser Kunst des Balancierens in sausender Fahrt verschneite Hänge hinabgleiten."

Arnold Fanck und Hannes Schneider, „Wunder des Schneeschuhs". Hamburg. 3. Aufl. 1928, Seite 83

1928 „Sause hinunter, schwinge in zischendem Bogen"

„Und nun, Freund, sause hinab den Berg in stiebender Schneefahrt – schwing dich im Stemmbogen und im Telemarkschwung – pflüge die weiße glitzernde Decke … Sause hinunter, schwinge in zischendem Bogen, jauchze, Freund, in Wintersonne und Lebenslust!"

Tenner und Eitel in: „Stadion. Das Buch von Sport und Turnen, Gymnastik und Spiel". Berlin 1928, Seite 295 f. (Tenner war amtierender Präsident des Deutschen Skiverbandes)

1929 „Es macht mich lächeln"

„Es macht mich lächeln, als ich sah, daß bei den Arlbergern der Telemark verpönt ist und in keinem Kurs gelehrt wird – von einem Ort weiß ich, daß jeder Telemark einen <Strafschilling> kostet! – während man in der wenig entfernten Ostschweiz ausgelacht wird, wenn man <stemmt>."

Werner Höhnisch, „Erfahrungen mit den neuen Möglichkeiten". In DER WINTER 1928/29, Seite 153

1930 „In Ekstase – vor Wut"

„Der Telemark. Die Arlberger geraten in Ekstase – vor Wut – , wenn sie das Wort nur hören und wenn du davon flüsterst, bringen sie dich um. Willst du aber dennoch skiselig werden, lerne ihn trotzdem."

Josef Dahinden, „Ski und Du". Zürich 1930, Seite 74

1930 „Ein jeder schwingt nach seiner Weise"

„Jetzt setzt er aus voller Fahrt zum Kristiania an! Vorsichtig anhaltend zieht er ihn, den Schnee wie eine Pflugschar aufwühlend. Und weiter schlängelt er sich hinunter mit Stemmschwung von Hang, dem König aller Schwünge, dem man so gar keine Kraftanwendung ansieht und der doch so voller Kunst ist. Eine Steilstufe läßt den Stemmbogen, den mitleidig belächelten … in seine Rechte treten … ein jeder schwingt nach seiner Weise: ein scharf ‚gerissener' Kristiania überkreuzt einen ‚weich gezogenen' Telemark, eine Schußfahrt endet mit kühnem Umsprung am Gegenhang."

In „Deutscher Skilauf", hrsg. von Carl J. Luther. München 1930, Text Seite 86, Bild Seite 89

1931 „Niederschwebend wie ein Segelboot vor dem Wind"

„Otto Furrer, hier erstmals als das ‚Matterhorn' tituliert …, Rudi Matt mit seinem Blitzschwung reagierend. Walter Prager in wendigen Wischern … niederschwebend wie ein Segelboot vor dem Wind, und Sigmund Ruud wie ein Habicht auf eigenwillig gewählter Linie … niederstechend."

„Kandahar-Kalvakade" in: „Spur im Schnee. Jahrbuch des Fachamtes Skilauf im Deutschen Reichsbund für Leibesübungen". 1931. Text Seite 105, Bild Seite 67

1932 „In berauschender Eile"

„Wir wandeln uns jäh – in berauschender Eile Jagen wir durch die rauschende Lust, dass jedes Gefühl in unserer Brust, ein jeder Leib sich zuspitzt zum Pfeile."

Hans Roelli in: „Ski. Jahrbuch des Schweiz. Skiverbandes 1932", Seite 98

1934 „Mit kleinen, eleganten Schwüngen"

„Feiner Pulverschnee lag auf den Felsen, und oft ragten noch Steine hervor. Doch mit kleinen, eleganten Schwüngen, wie man sie nur auf Sommerski fertigbringt, kurvten wir um alle Hindernisse."

Dory Jaeggie, „Frohe Stunden im Schnee". Hrsg. vom Schweizerischen Damen-Skiklub, Seite 115 f.

1934 „Hüpfen durchs Gelände wie ein Schneehase"

„Drehsprünge? Sie sprühen vor übermütiger Lebensfreude, vor unbändiger Daseinslust. Unvermittelt zuckt der Skiläufer auf, fegt – hoch und stolz auf den Stock gestützt – mit beiden Brettern einen weiten, lustvollen Bogen durch die Luft; saust in den Schnee nieder und zickzack sich so weiter hüpfend durch's Gelände wie ein Schneehase… Dreh- und Quersprünge sind die flottesten Uebungen der ganzen Fahrschule; für den Anfänger wie für den Fortgeschrittenen bedeuten sie prächtige Knacknüsse. Nur frisch dahinter, der Kern ist gar süß. Der ganze Mensch ist dabei ein einziger Wille, eine herrlich gesammelte und kraftvolle Energie."

Alfred Flückiger, „Schneevolk". Zürich 1934, Seite 53

1934 „Es ist nicht für Frauen. … Sei nicht traurig!"

„Skispringen ist Akrobatik, ist letzte Beherrschung eines eisernen Körpers mit fast unzerreißlichen Muskeln. Es ist nicht für Frauen; ich sagte dir es schon. Sei nicht traurig!"

Henry Hoek, „Skiheil, Kamerad! Skikurs für eine Freundin". Hamburg 1934, Seite 19 f.

1935 „Lustvolle Bewegungskunst": der 360er

„Der moderne Skiläufer hat seine Freude daran, seine Kunst zu einer hohen Artistik zu entwickeln, daß er es sich leisten kann, Schwierigkeiten zu häufen. Als Scherzform wird der Bogen ausgedehnt und die Drehung erweitert bis um 360 Grad und in mannigfachen Variationen geübt, auf beiden und sogar auf einem Bein. …Wahrhaft

eine hohe Schule des Skilaufs! Eine direkte Fortsetzung des nordischen Stils … in der Auffassung des Skilaufs als lustvoller Bewegungskunst."
Richard Honisch, „Stilwandlungen im Skilauf". In: „Leibesübungen und körperliche Erziehung", Wien 1935, Heft ¾, Seite 24 – 27, hier Seite 26 f.

1935 „Schwünge drehten, sausten, wirbelten"
„Bei der Abfahrt ließ Julius seine Skier nicht wahllos dahinschießen. Seine Schwungspuren zogen wunderbare Arabesken um diejenigen Linas … Es war eine einzig schöne Abfahrt! Ein Schnee, kalt, gleichmäßig und schnell …Die tollsten Schwünge drehten, sausten, wirbelten sich da ganz von selber in die Tiefe … deren Zeichner schon wieder Dutzende von Metern weiter unten einen Kristl aufriß wie einen Halbmond…wupp strich es quer über eine Schneise mit wonnigen Buckelchen, daß man die Beine im Schuß auf und ab wippen musste um durchzustehen … Und wieder Schuß und wieder Schwünge, Brausen, Sausen, Dahinrasen, Jubeln, Jauchzen, Schreien in unbändiger Sauselust und Schneetollheit."
Hans Fischer-Stockern, „Ski, sie und Julius". München. Text Seite 107 f., Bild Seite 106

1936 „Wie ein Stehaufmännchen"
„Seelos fährt aus kräftigen Beinen. Luggy Lantschner zeigt starke Schulterarbeit. Der kleine Guzzi Lantschner tänzelt, hüpft oder zieht lang die Hänge herunter wie ein Stehaufmännchen."
Hellmut Lantschner, „Tempo – Parallelschwung". Berlin 1936, Seite 10 f.

1936 „Laß den kühn angelegten Schwung triumphierend beenden"
„Gehe nieder wie ein in den Wüstensand kniendes Kamel. Federe und laß den Schwung sanft ausklingen. Strecke das vordere Bein nicht wie eine grasfressende Giraffe [...]. Das Knie bleibt spitz und der Fuß zurück. Rutsche auf dem vorderen Ski. Flüchte nicht auf den haltlos nachlaufenden. Fliehe mit deinem Körper vom Hang. Mut ist auch hier wichtiger als blind wütende Kraft. Dein Trotz siegt nicht gegen das Schneemeer. Laß den kühn angelegten Schwung triumphierend beenden."
Dahinden, „Ski und Du". Zürich 1936, Seite 105

1936 „Kraft, aus der der Angriff hervorschnellt"
„Du gehst nieder. Deine Knie sind maximal gebeugt. Der Druck presst dich zwergmännchengleich tief. Mit Zentnerlast wuchtet der Hang in deinen gefolterten Knochen. Du durchstehst sie; niedergekauert wie ein angriffslustiger Affe bist du zu tausend Schandtaten bereit. Deine geballte Kraft verwandelt dich zum schleichenden Panther, und dein Stehvermögen ist ungeheuerlich. Der Schwerpunkt kriecht nahe am Boden, und die Knie greifen beinahe den Schnee. Du hast die tiefe Fahrstellung erreicht, sie ist die sicherste Abwehrstellung. Du bis angriffsbereit, den größten Gegner zu schlagen. Erschöpfend ist das Verharren in der tiefen Stellung. Sie sei nur kurz, ein Augenblick konzentriertester Kraft, aus der der Angriff hervorschnellt wie ein Blitz aus der Nacht. Herausfordernd steigt die Welle dir entgegen."
Josef Dahinden, „Ski und Du". Zürich 1936, Text und Zeichnung, Seite 45

1936 „Dem Wesen des weiblichen Körpers angepasst"
Es wird mit Nachdruck darauf hingewiesen, dass „ein schraubenfreies und möglichst knieversammeltes Fahren dem Wesen des weiblichen Körpers weit besser angepaßt ist."
Giovanni Testa und Eugen Matthias, „Natürliches Skilaufen". München 1936, Seite 27

1940 „In den sprühenden Kurven"
„Sie schossen durch den lichten Hochwald in geschmeidigen Schwüngen, ihre Spuren kreuzten sich manchmal, sie begegneten einander mitten in den sprühenden Kurven. Es war ein wundervolles Erlebnis, das nur dem Könner geschenkt wurde. Sie pflügten durch die Reinheit des Schnees, zwei Waldgeistern ähnlich, zwei Fabelwesen, die verzaubert waren inmitten ihrer magischen Bewegung."
Roland Betsch, „Herzen im Schnee". Stuttgart 1940, Seite 61

1940 „Eine tiefe, große Freude"
„Ich dachte, ich müßte in jedem Augenblick hingeschleudert werden von solcher Gewalt des Schusses, aber ich dachte auch gleichzeitig, daß ich so eine fabelhafte, so eine rasende, so eine sausende Schußfahrt noch nie im Leben gemacht hatte. Ich fürchtete mich, aber die Furcht kam nicht zur Entfaltung, sie verwandelte sich immer mehr in eine tiefe, große Freude."
Felix Riemkasten, „Skihasenbrück". Innsbruck 1940, Seite 44

1941 „Beschämendes Stockreiten"
„Die alte „alpine Fahrart" habe „nichts anderes gebracht als das Eingeständnis ihrer Unzulänglichkeit durch beschämendes Stockreiten und ein Konglomerat von Stemmbögen. Es ist eine Sünde wider den Geist des Skilaufs, diese ‚Fahrkunst' als besondere Technik herauszustellen."
Arwed Moehn, „Ski-Hochtouristik". In: „Durch Pulver und Firn. Das Buch der deutschen Skiläufer". Jahrbuch 1940/41, Seite 54 – 63, 60

1942 „Wie eine Erscheinung"
„Er schoß in einer rasenden Geschwindigkeit zu uns herab. Mit glühendem Gesicht und wie eine Erscheinung schoß er an uns vorüber. Im Augenblick danach zog er bereits hoch über den nächsten Hügel, verschwand dahinter, kam jenseits wieder ins Blickfeld, schoß ohne Aufenthalt gerdezu infernalisch zielsicher weiter und kniete dabei fast auf den Brettern. Die Schulter preßte er vor, den Kopf vor, und so, in der vollen Wucht und schon fern von uns weg, durchfuhr er den ersten Steilhang, ohne zu zögern. Er tat es mit einer Geschwindigkeit und Geradheit, daß wir den Atem verloren beim bloßen Gedanken daran."
Felix Riemkasten, „Skihasenbrück". Innsbruck 1942, Seite 168 f.

1949 „Whistling the melody of the christiania"
Fährt den Schwung „as an arc of an imaginary circle"
Ein Schwung „as if by magic"
„This is the mechanism of the ski, the miraculous power embodied in the wood."
„The skis run on their inside edges, skidding a little, whistling the melody of the christiania."
Frank Harper, „Skiing Naturally". New York 1949, Seite 20, 22 und 89

1981 „Wenn Sie die Ansaugwirkung des Gefälles spüren"
„Gönnen sie sich die Freude, in jedem Schwung einen Augenblick lang in der Fallinie zu gleiten. ... Üben Sie solange, bis Sie das berauschende Gefühl entdecken, daß das Gleiten und die Beschleunigung, die damit verbunden ist, hervorruft. Wenn Sie die Ansaugwirkung des Gefälles spüren, dann ..."
Georges Joubert, „Ski-Handbuch". Bad Homburg 1981, Seite 106 f.

1987 „Motions by Emotions – Emotions by Motions."
Wie Bewegungen aus Gefühlen kommen und Gefühle Bewegungen gestalten.
Sentenz kanadischer Skilehrer

1989 „Das faszinierende Doppelgesicht der Beinspieltechnik"
„Die Beinspieltechnik verfügt über einen Stachel, der dauernd antreibt. So wird man ständig beglückt, erlebt aber immer wieder Enttäuschungen. Man kann sich an diesen Bewegungen berauschen, und man kann angesichts der Vielzahl der Möglichkeiten in Selbstzweifel stürzen. Das ist das faszinierende Doppelgesicht der Beinspieltechnik."
Walter Kuchler, „Die neue Skitechnik". Reinbek b. Hamburg 1989, Seite 90

1991 „Sich dem Wunsch nach unendlicher Wiederholung überlassen"
„In allem Schwingen liegen die Reize des Rhythmischen, der Wiederholung, des Leichtseins. Weil man sich einfühlt, weil man alle Kräfte aufeinander abstimmt, weil man sich der Bewegung überlässt, wird alles schwunghaft. Schwingen ergibt im Schnee, im Tanz, in der Arbeit ein eigenes Lebensgefühl: Leichtsein, Getragen werden, im Rhythmus sein, ein Spieltreiben und Spielball sein, sich dem Wunsch nach unendlicher Wiederholung überlassen."
Wolf Hellwing, Walter Kuchler, „Skiwandern". Reinbek b. Hamburg 1991, Seite 117

1991 „Leidenschaftlich wie Feuer und Flamme"
Japanische Vorführung begleitet von „einem Kommentar, der in ganz ungewöhnlicher Sprache die Empfindungen der Fahrer schilderte, der Bewegungen und Gefühle miteinander verschmelzen sollte. ... so beispielsweise wenn dazu aufgefordert wurde, leidenschaftlich zu fahren „leidenschaftlich wie Feuer und Flamme", oder wenn für die Bewegung das Bild von den „Wellen in der Brandung" gebracht wurde.
Walter Kuchler, „Skitechnik international". Bericht vom 14. Interskikongress, Köln 1991

1997 Carvingglück
„Das Glück liegt in der Kurve!"
So formulierte es Jochen Buchsteiner in einem Lehrgang und in einem Artikel der ZEIT.

2001 „Das Summen der Ski in den Fußsohlen"
„Sie ließ die Ski einfach gehen. Mit dem Körper nahm sie die Geschwindigkeit auf, ließ sie steigen und spürte das Summen der Ski in den Fußsohlen."
Antje Rávic Strubel, „Unter Schnee". München 2001, Seite 264

2005 „Gleich dem erhöhten Herzschlag"
Schwingen – ein Lebensgefühl. Ewiges Hin und Her. Sich dem Wunsch nach unendlicher Wiederholung hingeben. Gleichklang des Taktes von Ski und Fahrer. Vom Rhythmus getragen-sein. Gefühl des Leichtseins. Und doch auch Steigerung. Bis zur Verdichtung im Wedeln. Gleich dem erhöhten Herzschlag.
Walter Kuchler, aus einer Frühstückskarte

2005 Looping – die Sekunde des Zenits
Du ziehst hoch und kippst kopfüber aus dem Hang. Die Sekunde des Zenits, die sich dehnt und doch so schnell wieder abbricht. Aber einen Augenblick lang zieht die Spur durch den Himmel.
Walter Kuchler, aus einer Lernkarte

2005 „Die Versuchung, sich auf noch stärkere Kräfte einzulassen"
Mit Carvingski baut sich im Schwung ein enormer Druck auf. Manchmal steigert sich von Schwung zu Schwung die Versuchung, sich auf noch stärkere Kräfte einzulassen. Der Stauchdruck und das Ausbalancieren der Fliehkraft verdichten sich zu einem Erleben von Kraft und Souveränität. Einmal erlebt, suchen wir es immer wieder.
Walter Kuchler, aus einer Lernkarte

2013 „Ein schönes freches Spiel"
„Carvingski und Carvingtechnik erlauben uns ein schönes, freches Spiel mit dem Gleichgewicht. Schon beim geschnittenen Einfahren in die Kurve erfahren wir Beschleunigung. Schneller werden im Schwung ist eine völlig neue, eine andere Dimension des Fahrens. Ungefährlich und doch sehr kühn."
Walter Kuchler, aus einer Lernkarte

2013 „Wir spielen"
„Wir spielen mit dem Ski, mit dem Schnee und mit unseren Künsten."
Walter Kuchler, aus einer Frühstückskarte

2015 „In neuen Formen brillieren"
„Mit alten Techniken in neuen Formen brillieren. Mit Technikvarianten sicher und dennoch elegant fahren. Man kann heute ganz schön alt werden auf Ski."
Walter Kuchler, „Skifahren – einfach schön". Dortmund 2015, Seite 67

2015 Bewegungsgefühle wie nie zuvor
„Gleiten als Urgefühl des Skifahrens, auch im Schwung, Zug auf der Kante als Gefühl des Vorwärtsdrängens und der Spursicherheit, betörend starke bis extreme Kurvenlagen, weites Fliegen des Körpers durch den Raum von einer Seite zur anderen, die Beherrschung der Kompression mit Kraft gegen Kraft, was uns vom Scheitel bis zur Sohle durchpowert."
Walter Kuchler, „Skifahren – einfach schön". Dortmund 2015, Seite 29

2015 „Arrangieren der Doppelaufgabe von Bewegt-Werden und Sich-Bewegen"
„Reines Gleiten, kühne Kurvenlagen, Kippen und Schweben, Sich-Messen mit den Kräften der Gravitation und der Kurve, Spiele von Verlieren und Wiederfinden des Gleichgewichts, Befriedigung aus dem Durchstehen und Durchhalten, Bewältigen und Genießen schwieriger Situationen, geglücktes Arrangieren der Doppelaufgabe von Bewegt-Werden und Sich-Bewegen, Geschwindigkeiten steigern und bewältigen."
Walter Kuchler, „Skifahren – einfach schön". Dortmund 2015, Seite 80

2015 „Bis die Gefühle einströmen"
„Schwingen – sich schräg zwischen Schnee und Horizont legen. Und den Himmel einmal von der und dann von der anderen Seite anschauen. 30, 50, 80 Grad Kurvenlage. Bis die Gefühle des Freiseins und der Freiheit einströmen."
Walter Kuchler, „Skifahren – einfach schön". Dortmund 2015, Seite 90

2015 „Gleich dem erhöhten Herzschlag"
„Schwingen – ewiges Hin und Her. Sich dem Wunsch nach unendlicher Wiederholung hingeben. Gleichklang des Taktes von Ski und Fahrer. Vom Rhythmus getragen-sein. Gefühl des Leicht-Seins. Und doch auch Steigerung. Bis zur Verdichtung im Wedeln. Gleich dem erhöhten Herzschlag."
Walter Kuchler, „Skifahren – einfach schön". Dortmund 2015, Seite 91

2015 „Sehr glückliche Minuten und Stunden"

„Skifahrer erleben sehr glückliche Minuten und Stunden. Getragen von den Eindrücken der Winterlandschaft, von Bewegungsgefühlen und von Begegnungen. Glück speichert sich in Erinnerungen, wirkt weiter und kann weiter getragen werden. Offensein und Bereitsein für Glück lässt sich so erlernen und Glücklichsein lässt sich so als Fähigkeit auch trainieren."

Walter Kuchler, „Skifahren – einfach schön". Dortmund 2015, Seite 95

2015 Vom Schnee sinnlich berührt

„Manchmal sieht man diese Komposition von gleißendem Licht, flirrenden Kristallen und Weißfarben in den Hängen und Mulden. Dann wieder hören wir den Schnee unter uns knirschen. Schneeflocken oder aufstäubende Schneefahnen treffen das Gesicht und beginnen darauf zu schmelzen. Sinnlich berührt gleiten wir weiter, um in den Fahrtwind einzutauchen und den Rhythmen des Schwingens nachzuspüren."

Walter Kuchler, „Skifahren – einfach schön". Dortmund 2015, Seite 39

2015 „Schwing nach Gefühl ganz aus dem Bauch."

„Wie man am Hang den Bogen macht, wird doch zuerst genau durchdacht. Erst fährt der Kopf und dann der Ski, die Wissenschaft erklärt uns wie. Willst du das Schwingen delektieren, musst du es erst mental sezieren. Denn ohne Wissenschaft da fährt der beste Rennläufer verkehrt. Das mag ja sein, doch manch ein Tropf fährt nur mit Köpfchen statt mit Kopf, hat theoretisch nicht den Hauch, schwingt nach Gefühl, ganz aus dem Bauch, erlebt den Flow, spürt echtes Glück, lässt alle Theorie zurück. Den braven Mann, den lob´ ich sehr und mach es oft genau wie er."

Karl-Heinz Platte, „Praxis und Theorie". Skimanual SPORTS 2014/2015, Seite 40

2015 „In Bewegungen und Bewegtsein existieren"

„Heimweh und Sehnsucht nach dem Skifahren scheinen tief zu sitzen. Wir können dies selten formulieren, wissen aber in den Tiefenschichten unserer Erinnerung, wie wir als Skifahrer nur noch in Bewegungen und Bewegtsein existieren, wie Rhythmen uns führen, wie wir in Räumen der Höhen und Tiefen aufsteigen und versinken. Jeder geht auf in einem schönen Tun – gleich auf welcher Könnensstufe. Vollkommene Präsenz und tiefen Flow schenkt uns dieser Sport."

Walter Kuchler, „Skifahren – einfach schön". Dortmund 2015, Seite 50

2015 „Versinken in Räumen"

„Versinken in Räumen, in Rhythmen, in Bewegungen und in Bewegtwerden. Nur noch da und präsent sein. Aufgehen im Tun. Skifahrer tauchen immer wieder in die Vergessenheit von Flow ein."

Walter Kuchler, „Skifahren – einfach schön". Dortmund 2015, Seite 79

2016 „Vertrauensvoll dem Abgrund entgegen"

„Bei einem Talschwung, der in die sogenannte Falllinie hinein, also bergab führt, muss der Körper vom Hang weg und waagrecht ins Tal hineingelegt werden. Kurz: Man beugt sich vertrauensvoll dem Abgrund entgegen."

Antje Rávic Strubel, „Gebrauchsanweisung fürs Skifahren". München 2016

2018 „Ich werde euch süchtig machen"

„Ich werde euch süchtig machen nach weiten Kurvenlagen und hohem Stauchdruck – dank Innenski und Pedalo."

Walter Kuchler, aus einem Lehrgangspapier

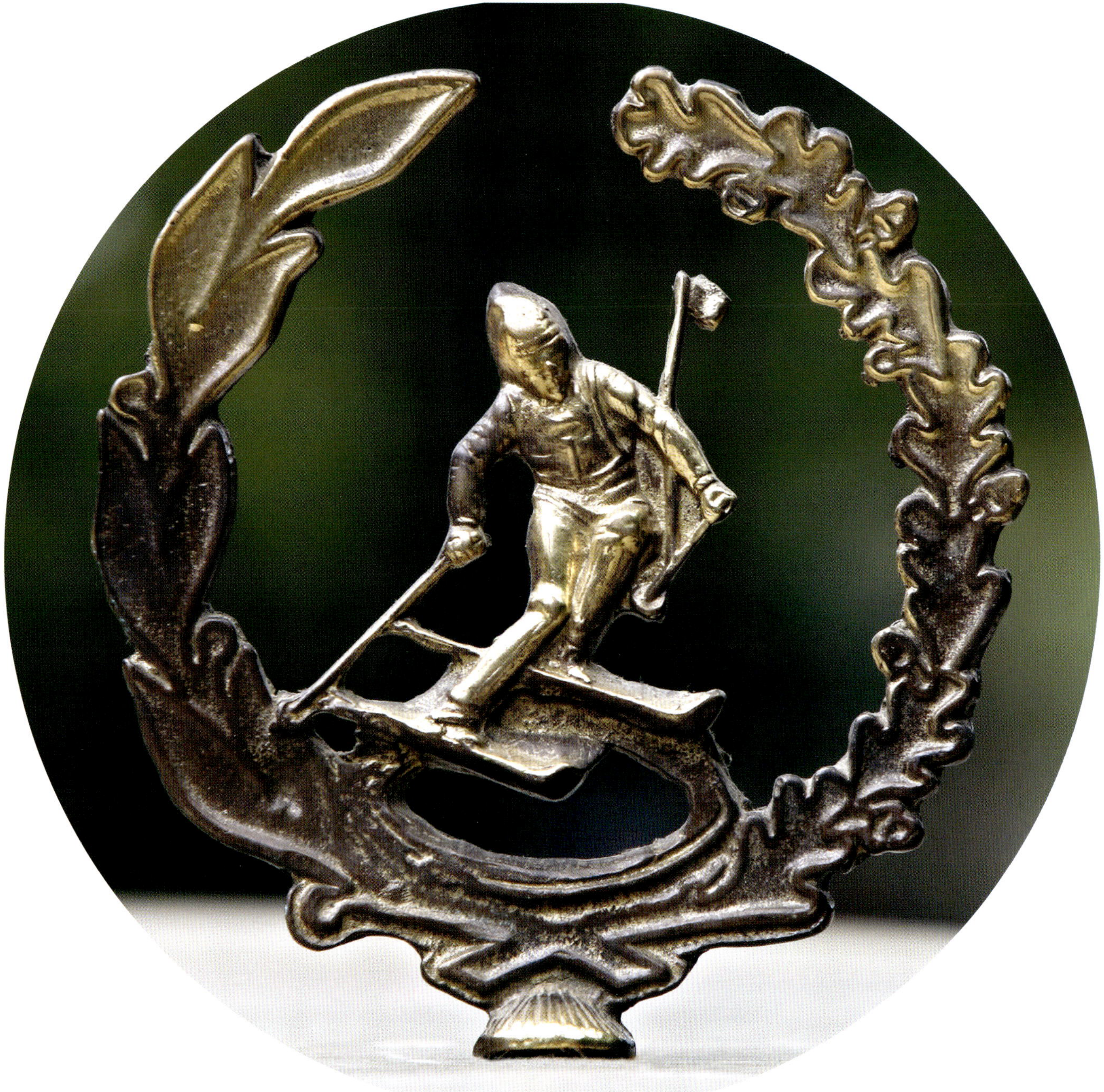

Textsammlung 2

Techniken von eigner Schönheit – Charaktere und Expressionen

1767 „In weitaus kreisenden Wendungen"
„Von des Normanns Sky … Gebogen steht er drauf und schießt mit des Blitzes Eil, die Gebirg' herab! Arbeitet dann sich langsam wieder herauf am Schneefelsen … Schnell, wie der Gedanke, schweben sie in weitauskreisenden Wendungen fort, wie im Meere die Riesenschlange sich wälzt."
Friedrich Gottlieb Klopstock 1767 in einer seiner fünf Eislaufoden. Zu finden bei Chris. Siegm. Zindel, „Der Eislauf oder das Schlittschuhfahren". Nürnberg 1825, Seite 95

1804 Dahinschweben über die Bahn
„Im Abfahren werden die Schneeschuhe zu Fittichen, auf denen man fast ohne alle Mühe über die Bahn dahinschwebt."
Johann Christoph Friedrich GutsMuth in seinem Buch „Gymnastik für die Jugend". 2. Aufl., Seite 389

1893 Hohe Ansprüche „bei scharfen Wendungen und beim Springen"
„Schon die einfache Fahrt bergab stellt Ansprüche an Entschlossenheit, Geistesgegenwart, Kraft und Gewandtheit, und eine ungewöhnliche Steigerung erfahren diese Ansprüche bei scharfen Wendungen und beim Springen."
O. Vorweg, „Das Schneeschuhlaufen". Warmbrunn 1893, Seite 19

1908 Mächtige, grandiose und kühne Bewegungen
„Unter den Beinen des Ungeübten sind die Ski grotesk komische Hindernisse für das Gehen. An den Füßen des Kundigen aber werden sie zu beflügelten Schuhen. … Mächtiger, grandioser und kühner sind die Bewegungen auf dem Ski als die des Eislaufs auf dem Schlittschuh."
Anton Fendrich, Der Skiläufer. Stuttgart 1908
1895 Briefkopf der Skifabrik J. Jakober in Glarus. Entnommen aus: E. John B. Allen, „THE CULTURE AND SPORT OF SKIING". Massachusetts 2007, Seite 75

1909 „Wie ein halber Gott"
„So gleitest du immer rascher hinab, der Luftzug fängt an, dir um die Ohren zu pfeifen, und die Zipfel deines Halstuchs knattern im Winde. Ein unendliches Fahrgefühl überkommt dich. Ist es weil du es als Wonne empfindest, so über dem Schnee sanft hinzugleiten, oder weil du stolz darauf bist, im immer rascheren Dahinschießen lächelnd dein kühles Blut zu bewahren, wie ein halber Gott?"
Anton Fendrich, „Der Skiläufer". Stuttgart 1909, Seite 40

1911 Mit „beflügelten Schuhen"
„Der Telemarkski ist eines von jenen wunderbaren Geräten, die, obgleich scheinbar einfach und primitiv, doch nach feinen mathematischen und physikalischen Gesetzen gebaut sind, und bei denen man nicht weiß, ob man mehr ihre Einfachheit oder mehr ihre Leistungsfähigkeit bewundern soll. Unter den Beinen des Ungeübten sind die Ski grotesk komische Hindernisse für das Gehen. An den Füßen des Kundigen aber werden sie zu beflügelten Schuhen, denen ein neuer Klopstock erst noch die Ode vom Schneekothurn singen müßte.
Anton Fendrich: „Der Skiläufer". Stuttgart ca. 1911, S. 17f.

1912 „Es steckt Linie drin"
„Können Sie ihn schon? Ist eine vielgebrauchte Frage, und ich kann schon den Telemark! Ein Satz, mit dem sich der Anfänger in Damengesellschaft rühmt. Es muß also etwas Besonderes sein um den Telemark. Nicht mit Unrecht spricht man von ihm; sicherlich ist er die schönste aller Hilfen, vom Sprunglauf abgesehen. Es steckt Linie drin, in der Haltung des Fahrers sowohl wie in der Spur."
Carl J. Luther. „Der moderne Wintersport". Leipzig 1912, Seite 45

1912 „Rausch einer sausenden Abfahrt"
„Der Rausch einer sausenden Abfahrt, der Taumel windeiliger Schnelligkeit und Herrscherstolz über Raum und Zeit, ja der Reiz des nahezu wirklichen Vogelfluges werden gewährt."
Carl J. Luther, „Der moderne Wintersport". Stuttgart 1912, Text Seite 42, Bild Seite 44

1913 „Ein gewisses Maß metaphysischer Güter"
„Beim Abfahrtslauf ist (im Gegensatz zum Langlauf) die körperliche Wucht bei Seite geschoben. Behendigkeit tritt an deren Stelle. … Die Schule ist auch wählerisch in der Aufnahme, sie öffnet nicht jedem die Tore, sie verlangt ein gewisses Maß metaphysischer Güter, die nicht gelernt werden, vor allem Kühnheit und Entschlossenheit."
Sepp Bildstein, „Wettläufe". München 1913, Bild aus dem Inserentenanhang

1915 „Schwimme hinab auf glatten Schneewogen"
„Dann tauche ich selbst in das flimmernde Silber hinein, möchte ihr folgen. Geräuschlos schiesse ich plötzlich auf Ski ihr nach wie ein Pfeil ins haltlose blendende Weite und schwimme hinab auf glatten Schneewogen. Ueber hellichte Kämme, durch finstere Tälchen furche ich leise aufrauschendes Pulver. Ich schliesse meine Bogen und Schwünge zu Reihen, und die milchweissen Hänge und die dunkeln Schatten tanzen im „Ringelreigen mit."

Hans Morgenthaler, „Aus dem Tagebuch eines Skifahrers". In: „Ski. Jahrbuch des Schweiz". Skiverbandes, Seite 5

1922 „In immer höheren Tönen singt der Ski"
„Rascher und rascher eilt der Ski dahin, als habe es Leben, das starre, tote Holz. Er hastet hinab über Wurzeln und Felsengeröll, die der schlüpfrige Schnee deckend verbirgt ... Sss – singt das sausende Holz. Es hüpft und freut sich der Schnelle, die es genießt. – Der Bambus bremst leicht. Dort unten! Achtung! Die Kurve! Der Schnee stäubt sprühend. Nach rechts übergelegt, den linken Ski vor und nach innen gekantet. Sss! Im Schwunge ist die Biegung passiert. Und weiter hastet das gleitende Holz, – hinaus aus dem Walde, hinab über den wiesigen Hang. In immer höheren Tönen singt der Ski. In rasender Fahrt stiebt er abwärts. Er scheint zu fliegen, den Boden nicht mehr zu berühren… Ein Bremsen, ein Schwingen, ein schneidiger Telemark."

Hans Walter Schmidt, „Im Bannkreis des Weißen Todes". Berlin-Steglitz 1922, Seite 26 f.

1923 „Ein wundervolles Spiel mit physikalischen Gesetzen"
- „Wie man sich hier im Gleichgewicht hält, mit federndem Knie alle Schnelligkeits- und Neigungswinkel ausgleicht…"
- „Die hohe Schule liegt … im schwungmäßigen Richtungswechsel …"
- „Die hohe Schule des Schneelaufes ist ein wundervolles Spiel mit physikalischen Gesetzen."
- „Die Schönheit solcher Übungen empfindet … vor allem der, der sie gut und sicher ausführt."

Carl J. Luther, „Skilaufen. Kreuz- und Quersprünge im Schnee". Wien 1923, Seite 42 f.

1923 „Aufgehoben und abtauchend wie ein Schiff"
„Hans Castorp erfuhr, daß man eine Fertigkeit rasch gewinnt, deren man innerlich bedürftig ist. … Was er brauchte, war ohne Überhitzung und Atemlosigkeit in ein paar Tagen erlernt. Er hielt sich an, die Füße hübsch beieinander zu halten und gleichlaufende Spuren zu schaffen, probte aus, wie man sich bei der Abfahrt des Stockes zum Lenken bediente, lernte Hindernisse, kleine Bodenunebenheiten, die Arme ausgebreitet, im Schwunge nehmen, aufgehoben und abtauchend wie ein Schiff auf stürmischer See, und fiel seit dem zwanzigsten Versuch nicht mehr um, wenn er in voller Fahrt mit Telemarkschwung bremste, das eine Bein vorgeschoben, das andere ins Knie gebeugt."

Thomas Mann, „Der Zauberberg". Frankfurt am Main 2015, Seite 650

1924 „Wie ein schönes Lied"
„Frei und ungezwungen bewegt sich der Skifahrer im offenen Gelände, das er in immer neuen Veränderungen seiner Übungen erlebt. Unerschöpflich bieten sich ihm die Neugestaltungen der schönen Hänge dar, daß er sie in losgelöster Körperbewegung durchfahre. Wie ein schönes Lied des Menschen Herz erfreut, reinigt und stärkt der Rhythmus der Schneefelder des Sportmannes Herz und Geist."

Josef Dahinden, „Die Ski-Schule". Zürich 1924, Seite 53

1925 „Das Liebkosen des starken Luftstroms"
„Die Betätigung aller Muskeln, das beseligende Gefühl der hohen Geschwindigkeit, das Liebkosen des starken Luftstroms, das elastische Schweben über Bodenwellen – all das ist so hinreißend schön, daß kaum eine andere Fortbewegungsart, die wir bisher kennen, an den Reiz einer Skisegelabfahrt heranreicht."

Hans Thirring in „Skileben in Österreich". 1938, Seite 107

1925 Weich und fraulich oder herrisch und hart
Schwünge: „Telemarkmonde sind weich und fraulich zum Bogen gerundet. Herrisch indessen und hart liegt der Kristiania da."

Carl J. Luther, „Skiunterhaltungen". München 1925, Seite 174

1925 Telemark – „ein ruhiger, sanfter Schwung"
„Im Gegensatz zu dem energischen, kraftvollen, rassigen Christiania ist der Telemark ein ruhiger, sanfter Schwung mit feiner Linienführung, aber ein Schwächling, der auf unsicheren Beinen steht und nicht immer erfolgreich den Schnee meistert."

Dagfinn Carlson, „Der Skilauf". 1925, Seite 14

1926 Der „singende Pfeil"
„Ski, der „schnelle durchdringende singende Pfeil"

Hanns Roelli, „Winterlob". Arosa, 1926

1926 „Die wegschmelzende Spur"

„Ein Kunstwerk war sie gewesen. Denn jede Meisterschaft ist Schwester der Kunst, Tochter der Phantasie und des Könnens."

Henry Hoek, „Moderne Wintermärchen". München 1926, Seite 75

1927 „Ich flog mit meinem Denken dem Körper voraus"

„Und ich schrieb meiner liebsten Freundin: Ich stand auf einem hohen, weißen Berge. Ich war bei der Sonne zu Gast. Ich reckte meinen Leib und meine Seele hinauf zum unermesslichen Himmel, und ich flog mit meinem Denken und meinem Fühlen dem Körper voraus über endlose Hänge hinab ins Tal …"

Henry Hoek, „Schnee, Sonne und Ski". 2. Aufl. Leipzig 1927, Seite 163

1927 „Wie die Hand eines Liebenden"

„Konnte ich auch noch keine richtigen Touren machen, die Sinne waren mir doch erwacht, und so wie ich beim kühl rosigen Abendlicht mit den Augen die Schatten und Mulden der Berghänge ablas, so spürte ich, auf den Skiern, im Abfahren mit allen Gliedern und Muskeln, besonders aber mit den Kniekehlen, tastend die lebendige, wechselvolle Struktur der Hänge nach, wie die Hand eines Liebenden den Arm, die Schulter, den Rücken der Freundin erfühlt, seine Bewegungen erwidert, seinen Schönheiten tastend Antwort gibt … Aber ich habe wieder gelernt, die Qualität des Schnees zu riechen, mich vom Berg tragen zu lassen, seine Neckereien mit dem Druck meiner Muskeln zu parieren.

Ich fahre einen der Hänge hinab, weich in den Knien, fühle die Form der Hundert kleinen Terrassen und Wölbungen bis in den Kopf hinauf sich in mich einschreiben, musizieren, mich zu Abenteuern der Liebe und Vereinigung einladend."

Hermann Hesse, „Winterferien". Suhrkamp. Frankfurt. a. M. 1927

(Hermann Hesses Gefühle aus Knie und Kniekehlen erklärt sich wahrscheinlich aus einer der damaligen Abfahrtshaltungen, nämlich der Reiter– oder Schaukelposition, bei der der Fahrer die Kniegelenke fast bis zur Horizontale der Oberschenkel bei aufrechtem Oberkörper gebeugt hält.)

1927 „Vom Übermut der Schwünge"

„Ihm (einen Schüler, den er traf) sprach ich von pfeifenden Schußfahrten in surrenden, raschelnden Frühlingsschnee, vom Übermut der Schwünge am steilen Schattenhang, von der seligen Betäubung des Sonnenbades auf warmem goldbraunen Fels."

Henry Hoek, „Schnee, Sonne und Ski". 2. Aufl. Leipzig 1927, Seite 162

1927 „Im stäubenden Pulverschnee"

„Winterschnee: Gewiß, es gibt weniges, was der Schußfahrt im stäubenden Pulverschnee gleichkommt – aber Firnschnee ist köstlicher noch als Pulver- schnee. Und schöner noch als Firnschnee ist die raschelnde, zischende Decke grobkörniger Rauhreifkristalle „die nach frostklaren Märznächten in Millionen Spiegeln die Frühlingssonne widerstrahlt."

Henry Hoek, „Schnee, Sonne und Ski". 2. Aufl. Leipzig 1927, Seite 23

1928 „Mit den rasenden Blitzschuhen"

„Hei! staubte da der Pulverschnee unter den gleitenden Hölzern. Dagobert stand leicht vornübergeneigt auf den flinken Schneerössern. Immer schneller ging die Fahrt mit den rasenden Blitzschuhen. Es kam ihm vor, als würden Funken stieben von den zeit– und raumfressenden Ungeheuern. Und dann war nur ein Fliegen da im leeren Raum, auf den Flügeln des iskarischen Schneegottes."

„Alpine Stil– und Vortragsblüten". In: „Der Bergsteiger". Wien 1928, Seite 474

1928 Winterlied

„Leise und lautlos begann ich zu gleiten! – Wie Wolken gleiten durch blaue Weiten, – Sang, sang, sang – Der Schnee ein feines Lied, – Flog, flog, flog – Mir der Schneestaub vom Fuß. – Schlug, schlug, schlug – Der Wind mein glühend Gesicht. – Und ich sah einen Bach, – Und ich riß einen Schwung. – Stand, stand mit zitternden Knie, – Stand in farbigen, leuchtenden Schleiern, – Stand im Rausch eines seligen Glücks."

Henry Hoek, „Abfahrt. Berg und Winterlieder". In: „Der Bergsteiger. Wochenschrift für Bergsteigen, Wandern und Skilaufen". Wien 1928, Seite 5

1928 „Die Melodie deines Körpers"

„Darum ist Skilaufen Sport, weil er Dich die Melodie Deines Körpers lehrt, – nicht so graziös, wie es der Eislauf tut, sondern wuchtiger und spartanisch."

Helmut Kost, „Lob des Skilaufs". In: „Der Winter". XXI. Jg. 1927/28, Seite 9

1928 Rennfahrer contra Kunstfahrer

„Der gewandte Rennfahrer kauert affenhaft behend in geduckter Stellung, bald auf diesem, bald auf den anderen Ski nur nur leicht aufstehend und balanciert sich, seine Hauptsteuerkraft aus der Verschiebung des Gesäßes holend, in zügellosem Draufgängertum den Steilhang der Rennbahn herunter. Anders der Kunstfahrer. Bei ihm wird der primitive Zielgedanke sublimiert, und an Stelle der abgemessenen Rennstrecke sieht er die erhabene Formen– und Linienschönheit des winterlichen Geländes vor sich."

Josef Dahinden, „Skisport und Körperkultur". In: „Der Bergsteiger". Jg. 6, Wien 1928, Seite 394

1928 „Bewegungen gleichartig dem anmutigen Linienspiel"

„Anders (als beim Rennfahrer) der Kunstfahrer. Bei ihm wird der primitive Zielgedanke sublimiert, und an Stelle der abgemessenen Rennstrecke sieht er die erhabene Formen– und Linienschönheit des winterlichen Geländes vor sich. In der Gestaltung der Winterlandschaft … erkennt er das Gesetz der Schule und die erzieherische Bedeutung seines Sportes. Und er stellt sich in erster Linie die Aufgabe, seine Bewegungen gleichartig dem anmutigen Linienspiel der winterlichen Hänge zu gestalten und damit eine harmonische Einheit zwischen Fahrer und Winterlandschaft herzustellen. Das Schul– oder Stilfahren führt von Grund auf in das Wesen, die Eigenheit des Ski ein."

Josef Dahinden, „Skisport und Körperkultur". In: „Der Bergsteiger". Jg. 6, Wien 1928, Seite 394

1929 „Reinheit, Lichtfülle und Weite"

„Der Ski ist hier mehr als ein Gerät; er ist der Erschließer einer Welt von ungeahnter Schönheit und Pracht, von einer Reinheit, Lichtfülle und Weite, die jeden Jünger dieses Königs der Sporte unweigerlich gefangen nimmt, so daß keiner, der den Winter je gesehen, sein Lebtag diesem Zauber mehr entsagen kann."

„Bergsteigen und Skifahren", gedruckt – wahrscheinlich auch verfasst – von Rudolf Rother. München 1929, Seite 6

1929 Den Raum füllen und erfüllen

„Das ist ja gerade das Geheimnis der Schwierigkeiten und der Natürlichkeit des Skilaufs, daß er sich in besonders weitgehendem Maße des Raumes ‚bemächtigt', ihn nach allen Richtungen, fast wie der Vogel, füllt und erfüllt."

Fritz Reuel, „Neue Möglichkeiten im Skilauf". Stuttgart 3. Aufl. 1929, Seite 31

1930 Rhythmus „pulsiert aus dem Herzen"

„Der Rhythmus ist in unsere Seele gehaucht, pulsiert aus dem Herzen und erklingt in unserer Bewegung wie Töne des Liedes. Rhythmus will erlebt sein."

Josef Dahinden, „Die Ski-Schwünge und ihre Gymnastik". München 1930

1930 „Die wahre Erfüllung der Frau auf dem Ski"

„Die feinabgemessene, elegante, leichtflüssige Gleitschwungtechnik bietet die wahre Erfüllung der Frau auf dem Ski. Dagegen bleiben der Frau dauernd die robusten, mehr Kraft erfordernden Bewegungen der Stemmschwungtechnik und der Sprungtechnik fremd. Die häufigen Spreizstellungen zur Stemmschwungtechnik mit andauernd einseitiger Muskelbeanspruchung der Beine, Lenden und Hüften, mit zeitweiliger Pressung der Unterleibsorgane, speziell bei nachlässiger Ausführung mit vorhängendem Oberkörper. … Die Skiausbildung der Frau muß unbedingt mit Lieblingsleistungen beginnen, Bewegungen darin die Poesie des fließenden Rhythmus in ihre Körper schwingt."

Josef Dahinden, „Die Ski-Schwünge und ihre Gymnastik". München 1930, Seite 36 f.

1930 „Hier Schuß, hier Schwung"

„Und sausende Fahrt trieb den Skimann in eine ungekannte Schneewelt. Hier Schuß, hier Schwung, die Drehung am Gegenbühel, Sausefahrt, hin und wieder das tolle Spiel über Hang und Steilhang, über Mulden und Kuppen ein fahrttolles Fest, ein Jubel im Herzen, eine Schneefahrt ohne Zeit und Ende im staubenden besten Pulver …"

A. von Stockern, „Die Scharte". In: „Große Welt im Schnee". München 1930, Seite 51-58, hier 55

1930 „Es war ein Schwingen und Fliegen"

„Es war ein weißes Wiegenlied von unbeschreiblicher Seligkeit. Ohne Hemmung ging es in berauschender Fahrt über die silberglänzenden Böden dahin. Es schien, als ob die Tiefe uns entgegengeflogen käme. Jedem kleinsten Druck gehorchten die hölzernen Rösser, es war ein Schwingen und Fliegen, gelöst von der Schwerkraft der Erde … In großangelegten Bogen fuhren wir dann die Hänge zu den Knappschaftshäusern hinab, eine jagende Schußfahrt in die Mulde, und mit jähem Schwung stand ich still mit glühenden Wange, den Glanz der sinkenden Sonne in den Augen."

Julius Gallian und Dr. Ernst Hanausek, „Schifahrten um das Seekarhaus". In: „Zeitschrift des Deutschen und Österreichischen Alpen-Vereins 1930", Seite 222– 252, hier Seite 248

1932 „Gleich dem Flug eines Vogels"

„Wie ganz anders sieht daneben (neben dem Stemmen) die leichtbeschwingte, kraftsparende Laufart des freischwingenden, auf seinen beiden natürlich und normal gebrauchten Füßen und Beinen stehenden Abfahrtsläufers aus! Sein Lauf gleicht dem Flug eines Vogels. Er schwebt unaufhaltsam, leicht beschwingt, in größeren oder kleineren Schwüngen aus flottem Tempo talwärts."

A. Malter, „Schreiten und Schwingen". In: „Der Winter 1932/33". München, Seite 97-100, hier 99

1933 „Ein geradezu moralisches Vergnügen"

„Ein gut gefahrener Telemark ist ein ästhetisches Vergnügen für die anderen und ein geradezu moralisches Vergnügen für den, der ihn kann."

Felix Riemkasten und Rudolf Leutelt: „Skilauf mit Lachen leicht zu lernen". München 1933 und 1936, Seite 91

1933 „Der weiße Schnee kann zaubern"

„Skilaufen ist nicht nur des Leibes Lust, sondern der Seele letzte Vollendung, und der weiße Schnee kann zaubern. ... Darin allein und nicht im äußerlichen Sichtbaren liegt das Skitum beschlossen. ... In der ruhigen Fahrt im klaren Gelände kommt die Welt lyrisch nah, und im zerklüfteten Gelände erlebst du Dramatik in höchster Potenz. Alles irdisch Kleine schwindet dahin im Brausen der Fahrt, im frommen Gleiten und im hart anbrüllenden Paß auf!"

Rudolf Leutelt, „Stammbaum der Skifahrkunst". In: Felix Riemkasten und Rudolf Leutelt, „Skilaufen. Mit Lachen leicht zu lernen". München 1933, Seite 98

1934 „Die feine Einschnürung, um den Schnitt des Bogens zu erleichtern"

„Und bevor du am Einschlafen bist, nicht mehr wach, noch nicht im Jenseitsland, lasse deine Augen lange und liebkosend über den Ski gleiten. Dann wird dir dieses Stück Holz viel erzählen. Du begreifst das sachliche Ebenmaß dieser leicht geschwungenen Linien: die Breite des Blattes, um den Schnee zu pressen; seine sanfte Steigung, um den Schnee zu überwinden; die leichte Spannung, um dein Gewicht auszugleichen; die feine Einschnürung, um den Schnitt des Bogens zu erleichtern.

Du gehst der langen Linie von unten nach oben genießerisch nach – und du spürst es, das dieses Gerät zum Gleiten und für die Raumüberwindung gemacht ist – dass Geschwindigkeit und Schmiegsamkeit seine Idee sind, dass es nach vorne, in die Ferne, in die Weite weist...

Dann schlafe ein; und dein Traum sei Glück und Gleiten."

Henry Hoek, „Skiheil Kamerad". Hamburg 1934, Seite 33 f.

1934 „Der Körper wiegt sich in jeder Kurve."

„Der federleichte, singende Glitzerschnee stiebt dabei auf und wirft sich in einen entzückenden Fächer, in einen sonnengoldenen Fächer, der aufstiebt vor dunkelblauem Himmel. Der Körper wiegt sich in jeder Kurve; legt sich bald links, legt sich bald rechts; wiegt und schwenkt in den Hüften wie eine Lilie im Wind. Rhythmik und Schönheit der Bewegungen nehmen uns gefangen. Ist das etwas Verwerfliches?"

Alfred Flückiger, „Schneevolk". Zürich 1934, Seite 51

1934 „Wahllos und ungebunden tanzten wir hinab."

„Wir schwärmten hoch oben auseinander, jeder von uns spielte mit Schnee, Hang und Bogen. Wahllos und ungebunden tanzten wir hinab. (...) Nur in unseren Augen staunt und glüht Bewegtsein der Glieder und die Aufgeräumtheit des Herzens. Jeder von uns war König und Gebieter über unbegrenztes Land."

Hans Fischer, „Fahrt durch die Bäume". In: „Es leuchtet der Schnee". München 1934, Seite 157

1935 „Der Bauchtanzstil"

„In rasender Fahrt steht er (der Fahrer) fast aufrecht; der Oberkörper ist fast nach rückwärts gebogen; die Knie sind ganz schwach gebeugt. Füße geschlossen, Fäuste mit den Kokettierstöckchen vor der Brust, ähnlich wie es die Dauerläufer machen. Alle Drehungen, Wenden und Schwünge kommen aus den Hüften. ... Beinahe tändelnd und tänzerisch bezwingt er das schwierige Gelände. Das ist der Temposchwung, der Parallelschwung. Der Bauchtanzstil."

Roland Betsch, „Narren im Schnee", Berlin 1935, Seite 174 f.

1936 „In dem sich singender Schnee mit dem singenden Menschen einte"

„Wie oft habe ich durch verschwiegene Mulden, allein in der Schnee-Unendlichkeit, Telemark an Telemark gereiht, zuerst sinnvoll bewußt, nach und nach aber immer trunkener, mit schließenden Augen, ein Wogewiegender, in dem sich singender Schnee mit dem singenden Menschen einte, bis ich jäh, aufschreckend aus Traum und Versunkenheit durchschlug und verwundert, silberne Tropfen abschüttelnd, schier ungläubig mich wieder herausschäle."

Hans Roelli, im Vorwort zu „Ski und Du" von Josef Dahinden. Zürich 1936, Seite 12

1936 „Unaussprechbare Harmonie zwischen Körper und Geist"

Als Weltmeister Rominger die abgrundsteile Isola Pers im Tempo-Kristiania hinunter schwang:

„Die Kühnheit war zugleich höchste Eleganz, wundervollster Rhythmus, unaussprechbare Harmonie zwischen Körper und Geist, Mensch und Natur."

Giovanni Testa und Eugen Matthias, „Natürliches Skilaufen". 1936, Seite 98

1936 „Gleite jauchzenden Sinnes"

„Schüttle Hemmungen und Ängste von dir, wen du den ersten Schnee betrittst und gleite jauchzenden Sinnes den tausend Wundern entgegen."

Josef Dahinden, „Ski und Du". Zürich 1936

1938 „All das ist so hinreißend schön"

„Die Betätigung aller Muskeln, das beseligende Gefühl der hohen Geschwindigkeit, das Liebkosen des starken Luftstroms, das elastische Schweben über Bodenwellen – all das ist so hinreißend schön, es ist kaum eine andere Fortbewegungsart, die wir bisher kennen, an den Reiz einer Skisegelabfahrt heranreicht."

Hans Thirring, „Aerodynamischer Skilauf". Wien 1938, Seite 107

1939 „Ein Ländler, wie ihn nur ein Gott schleifen kann"

„Da fliegen die Kristallwolken! Und mit wirbelnden Stöcken brausen wir nach rechts hinaus … Gegenhang hinauf und herumgeschert, zwei drei saubere Schleifen … Und jetzt: Knie zusammen, Bretter zusammen … Schwung – Schwung – Schwung! … Aber jetzt geht der Tanz erst los; den ganzen Boden fegen wir aus im Reigen unserer Schwünge. Bald haschen wir uns, bald fliehen wir auseinander, ha, das ist ein Ländler, wie ihn nur ein Gott schleifen kann."

Carl Julius Haidvogel, „Bundschuh". Wien, Leipzig 1939, Seite 107 f.

1939 Das fast „musikalische Empfinden im Körper"

„Skilauf ist ein körperlich schwerer und zugleich auf das feinste und fast musikalische Empfinden im Körper eingestellte Sport."

Hubert Mumelter in „Sonne, Ski und Pulverschnee". 1939, Seite 38

1940 „In hellen zischenden Lauten"

„In zahllosen Bögen und Schwüngen ziehen die Hölzer ihre Spuren in dem glitzernden Firn, kreuz und quer wirbeln wir aneinander vorbei, in ausgelassener Fröhlichkeit tollt alles in die Tiefe. Einige 100 m unter dem Joch geht wieder in schnurgeradem Schusse abwärts, in hellen, zischenden Lauten gleiten die flüchtigen Bretteln dahin und pfeifend streicht die Luft um unsere Ohren"

Franz Tursky: „Höhenzauber". München 1940, S. 150 f.

1940 „Wie ein Strich auf der Geige"

„Und dann die Abfahrt! Pulver auf altem Harsch! Es war ein Gefühl der Göttlichkeit im Menschen. Ein leichter Druck, schon schwingen die Bretter herum, schon laufen sie. Bei dem geringsten Wunsch auf Schwung, schon schwingen sie, schon gleiten und laufen sie. Es ging wie ein Strich auf der Geige. Wir waren gar nicht mehr Menschen, es war wie Gedicht und Sage."

Felix Riemkasten, „Skihasenbrück". Innsbruck 1940, Seite 10

1940 Ein Geigenstrich von Paganini

„In der Gesamtheit ist dieses Stück Abfahrt wie ein Geigenstrich von Paganini. Plötzlich hat man alle Menschen lieb. Geschwungen und gezogen laufen die Bretter hin."

Felix Riemkasten, „Skihasenbrück". Innsbruck 1940, Seite 43

1940 „Magisch bewegt"

„Der Schnee war pulvrig und prachtvoll führig, mit zwei eingeschalteten Temposchwüngen kam sie zur Wächteneinfahrt und ging nun im Schuß in die steile Mulde. Noch war sie vom Licht umflossen, dann tauchte sie in rasender Fahrt in die blaue Schattengebilde hinein und ging nun tief in Kauerstellung. Eine Wolke aufstiebenden Pulverschnees hüllte sie ein, die wachsende Fahrt trieb ihr das Wasser aus den Augen, magisch bewegt, ein Geschoß mit weißer Rauchbahn, wurde sie durch die eigene Schwere in die Tiefe gefeuert. In halber Höhe … drehte wie aus den Hüften heraus nach rechts und ließ sich durch die Schwungkraft ihrer blitzhaften Fahrt den Wächtensteilhang hinauftragen. Als ob alle Schwere von ihr gewichen wäre, stieg sie wie ein Vogel bis zu den überhängenden Schneemassen der Wächte hinauf, wurde einen Augenblick vom Silberlicht umspült, um gleich darauf in scharfer Linkswendung wieder in die Tiefe zu schießen. Es war ein herrlicher Anblick, es war wie ein Wunder im Schnee."

Roland Betsch, „Herzen im Schnee". Berlin 1940, Seite 107 f.

1946 „Daß wir seine Bretter singen hören"

„Schon saust er über die weiße Schneefläche davon, daß wir seine Bretter singen hören."

Gottfried Rössel, „Sonne, Schnee, Schilauf". 1946. Seite 105

1985 „Symbole des Schwebens"

„Traumhafte Spuren wurden in den Schnee gezeichnet – Symbole des Schwebens, der Freiheit, des Glücks."

Erich Moscher, „Die Handschrift im Schnee". In: Stefan Kruckenhauser, „Festschrift". 1985, Seite 6

1989 „Ein Stückchen von dieser Grenzenlosigkeit des Raumes"

„Der Raum ist grenzenlos, und der Hang ist zwischen Himmel und Erde ein kleines Stück von diesem Raum. Beim Skifahren heißt es, ein Stückchen von dieser Grenzenlosigkeit des Raumes zu erfahren, gleitend und schwingend zu erfahren."

Walter Kuchler, „Die neue Skitechnik". Reinbek b. Hamburg, 1989, Seite 19

1991 Schneeschrift

„Jeder schreibt sich selbst in den Schnee."

Hubert Sosna (D). Dortmunder Sportstudent nach seinen ersten Skitagen

1991 „Ein Teil der winterlichen Natur zu sein"

„Wir werden mit jeder Technik und jedem neu hinzugekommenen Können immer wieder erleben, daß wir uns kompetenter, freier, souveräner fühlen. Wir haben von uns selbst den Eindruck, in diese Schneewelt hineinzupassen und ein natürlicher Teil der winterlichen Natur zu sein."

Wolf Hellwing, Walter Kuchler, „Skiwandern". Reinbek b. Hamburg 1991, Seite 69

1991 „Freiheitsgefühl, eingebunden in die Welt des Schnees"

„Dieses Freiheitsgefühl ist aber auch eingebunden in die Welt des Schnees. Man fühlt sich als Teil, als ein <Mitbewohner> dieser Natur, in der sich die Vegetation unter den schützenden Schnee zurückgezogen hat."

Wolf Hellwing, Walter Kuchler, „Skiwandern". Reinbek b. Hamburg 1991, Seite 21

1994 „Und erfassen die Ganzheit der Welt"

„Auf Skier durchgleiten wir die Landschaft und erfassen die Ganzheit der Welt. Im Sommer gehen wir, wobei unsere unterbrochenen Schritte der Vielfalt der Natur angepasst sind. Im Winter dagegen ergreifen wir in einer kontinuierlichen Bewegung Besitz von der Landschaft, und das Gefühl der Freiheit führt uns weiter."

Christian Norberg-Schulz, „Schnee" in Winterlang. Von Munch bis Gulbransson 1994, Seite 37

1995 „Laß häufig deine Bewegungen ineinander fließen"

„Eleganz: Gib gelegentlich Deinem Können auch eine gewisse Leichtigkeit und Geschmeidigkeit. – Harmonie: Lass häufig Deine Bewegungen ineinanderfließen und fahre ganz rund. – Dynamik: Zeig manchmal auch Temperament und Kraft in Deiner Fahrweise."

Walter Kuchler, aus einer Frühstückskarte

1995 „Der Himmel des guten Skifahrens"

„Carven! Der Himmel des guten Skifahrens hat sich für alle geöffnet."

Walter Kuchler, aus einer Frühstückskarte

1996 „Hat sich die Skiwelt verändert"

„Wer seinen ersten Carvingschwung gefahren hat, für den hat sich die Skiwelt verändert."

Ivan Sosna, Prager Journalist, bei einem Skitest

1996 „Soeben die Religion gewechselt"

„Ich habe soeben die Religion gewechselt."

(Für einen polnischen Katholiken liegt im Vergleich Skiwechsel – Religionswechsel eine eindrucksvolle Aussage.)

Thomasz Kurdziel, Warschauer Journalist, nach seinem ersten Carvingschwung

1996 „Das Spiel mit Energien"

„Carven, das Spiel mit Energien, die aus dem Gerät kommen."

Heinz Rubi, „Carving". Hrsg. von der Fa. Kneissl. 1996, Seite 6

2000 „Der Schneesport hat viele Gesichter"

„Der Schneesport hat viele neue und auch attraktive Gesichter... Jeder soll – auch im Schneesport – nach seiner Facon selig werden!"

„Schneesport Schweiz", Hrsg. vom Schweizerischen Interverband für die Schneesportlehrerausbildung. Autoren Riet Campell, Pius Disler, Arturo Hotz, Urs Rüdisühli (Druck in Stans) 2000, Seite 64

2002 „Dem Himmel ein Stückchen näher"

„Der Flow dauerte nur wenige Minuten, aber er sollte sich als einer der glücklichsten Momente dieses Jahres erweisen. Vorübergehend war ich dem Himmel ein Stückchen näher gekommen."

Christian Weber, „Ski fahren". DTV 2002, Seite 122

2003 „Schneller werden im Schwung"

Schneller werden im Schwung – eine völlig neue Dimension. Ungefährlich und doch kühn. Durch An- und Abschneiden der Kurve, durch gekonntes Splitting von Körper- und Skibahn, durch Umsteigen im Schwung, durch eine zykloide Steuerung. Auch schon durch das Spiel von Vor-, Mittel- und Rücklage. Eine neue Herausforderung, ein neues Versprechen.

Walter Kuchler, aus einer Frühstückskarte

2006 Die Melodie der Kurven überzieht die Hänge

„Die Melodie der Kurven überzieht an unsren guten Tagen die Hänge und Schwungrhythmen prägen unser Gleiten."

Walter Kuchler, aus einer Lernkarte

2009 „Der Augenblick, der mich zu einem Schneemenschen machte"
„Wir flogen die Piste hinab und schrieen vor Begeisterung, die Augen tränten, vor uns die weite weiße, weiche Landschaft und ringsum der kilometerweite Blick. Von diesem Moment an war ich süchtig. Es war der Augenblick, der mich zu einem Schneemenschen machte."
Charlie English, „Das Buch vom Schnee". London 2009. Text auf der Umschlagrückseite

2010 „Schwingen ist das Zusammenklingen"
„Schwingen ist das Zusammenklingen von äußeren und inneren Kräften. Schwingen ist Harmonie von Bewegen und Bewegt werden. Schwingen ist Rhythmus und Wiederholung."
Walter Kuchler, aus einer Unterrichtskarte

2012 „Die ganze Welt war Gleiten"
„Und dann zog ich den ersten Schwung, und alles war wieder da. Die ganze Welt war Gleiten."
Eine Skischülerin

2012 „Ein großes Bewegungstheater"
„Skifahren ist ein großes Bewegungstheater, bei dem jeder zugleich Akteur und Zuschauer ist."
Walter Kuchler, aus einem Arbeitspapier

2014 Spuren im Schnee erzählen
„Unsere Spuren im Schnee erzählen häufig von unseren Entscheidungen, unserem Gestaltungswillen, unseren Einfällen und unserem Können."
Walter Kuchler, aus einem Manuskript

2014 Schönschreiben im Schnee
„Spuren im Schnee, die unsere Ski und unser Können hinterlassen, sind wie Übungen in der Kalligraphie, kleine Kunstwerke einer speziellen Schreibkunst. Sie sind meist schnell vergänglich, aber doch auch Graphiken, die sich in unser Gedächtnis einritzen. Man kann noch im Sommer davon träumen."
Walter Kuchler, „Skifahren – einfach schön". Dortmund 2014, Seite 37

2015 „Ich kann fliegen"
„Für einen Moment sind beide Ski in der Luft, dann tauchen sie ein in den Tiefschnee, der bis zur Hüfte stiebt, pressen ihn zusammen und heben wie auf einem Trampolin wieder ab. Ich gleite eine Berg hinunter, der mit luftig geschlagener Sahnecreme überzogen ist."
Johannes Schweikle, „Schneegeschichten". Tübingen 2015, Seite 18 f.

2015 „Die Musik fließt immer weiter"
„Meine Skier verbinden dann die Tore und Schwünge miteinander. Das fühlt sich so reibungslos an, als würde man leichtfüßig tanzen. Du machst einen Schritt fertig und gehst zum nächsten über. Es gibt keine Pause, die Musik fließt immer weiter, bis ins Ziel hinein."
Mikaela Shiffrin in einem Interview in der Süddeutschen Zeitung vom 10.2.2015. Dort Seite 29

2015 „Voll im Körper sein"
„Es ist ein tolles Gefühl, einfach so dahinzubrausen, voll im Körper zu sein, auf den Kanten Kurven zu ziehen und mal so richtig Druck auf den Skiern zu haben … Ich schwinge im Rhythmus der Piste, spüre meine Kraft, fühle mich geerdet und gehe auch mal mit Freude an meine Grenzen. Wir leben nicht nur in unserem Körper, wir leben in der ganzen uns umgebenden Welt!"
Theodor Hundhammer, „Eurhythmie auf Skiern". BoD, Norderstedt 2015

2015 „Wie Flieger und Taucher, wie Vögel und Fische"
„Gleitend, kippend, stürzend dringen wir in immer neue Räume ein. Wir durchdringen die Mauer aus Luft und Kälte. Wir schweben und wir fliegen. Wir werfen uns von einer Seite auf die andere, weg vom Hang in die Tiefe. Und jedes Mal tauchen wir unter dem Horizont hindurch. Manchmal sind Skifahrer wie Flieger und Taucher, wie Vögel und Fische."
Walter Kuchler, „Skifahren – einfach schön". Dortmund 2015, Seite 54

2015 Schwingende Rhythmen
„Ein unermüdliches Hin und Her im Schwingen, ein ewiges Hinab und Hinauf auf den Hängen, Tage, durchzogen von Spannungsbögen der Erwartung und Erfüllung, Monate ohne Schnee aber voller Erinnerungen, die beginnende Unruhe nach ersten frostigen Tagen – all dies wird zu Rhythmen eines Skifahrerlebens."
Walter Kuchler, „Skifahren – einfach schön". Dortmund 2015, Seite 77

2015 Die vollkommene Kurve
„Glücksstunden sind es, wenn es zwischen Fahrer, Ski und Situation zu vollkommenen Resonanzen kommt. Die Spur, die Fahrt als Ergebnis von Synergien zwischen Fahrer und Ski."
Walter Kuchler, „Skifahren – einfach schön". Dortmund 2015, Seite 78

2015 „Sommerspuren – Wolkenträume"
„Skifahrer nehmen ihre Erlebnisse, Gefühle, Begegnungen mit nach Hause und glauben, dass die weiße Kunst auch ein bisschen das Leben verändert. Skifahren gehört dazu. Und wenn Skifahrer in Sommerwolken schauen, sehen sie darin manchmal auch Skispuren."

Walter Kuchler, „Skifahren – einfach schön". Dortmund 2015, Seite 108

2017 „Ski-Resonanz"
„Geglückte Minuten und Stunden, in denen man sich in die Natur eingebunden, mit dem eigenem Können zufrieden, mit dem Ski eins und mit allen Beteiligten verbunden weiß. Man fühlt sich in einem Raum und in einer Situation, in denen alles übereinstimmt. Das eigene Fahren und das eigene Können sind eingebunden und zugehörig."

Walter Kuchler, aus einem Lehrgangspapier

2018 „Wir sollten hineintauchen"
„Schwünge haben Tiefe. Wir sollten hineintauchen. Immer wieder. Den Hang hinab."

Walter Kuchler, aus einem Lehrgangspapier

2018 „Andere Menschen sind wir auf Ski"
„Lebensräume. Andere Menschen sind wir auf Ski. Gleiten, eilen, schwingen. Und machen dabei kühne Figuren. Wir gestalten Räume und legen Graphiken über die weißen Flächen. Die Hänge, der Wald, die Abfahrten, die ganze Natur herum machen wir, auch wenn nur vorübergehend und für kurze Zeit, zu Räumen unseres Lebens. Und manchmal gehen wir sogar darinnen auf."

Walter Kuchler, aus einem Lehrgangspapier

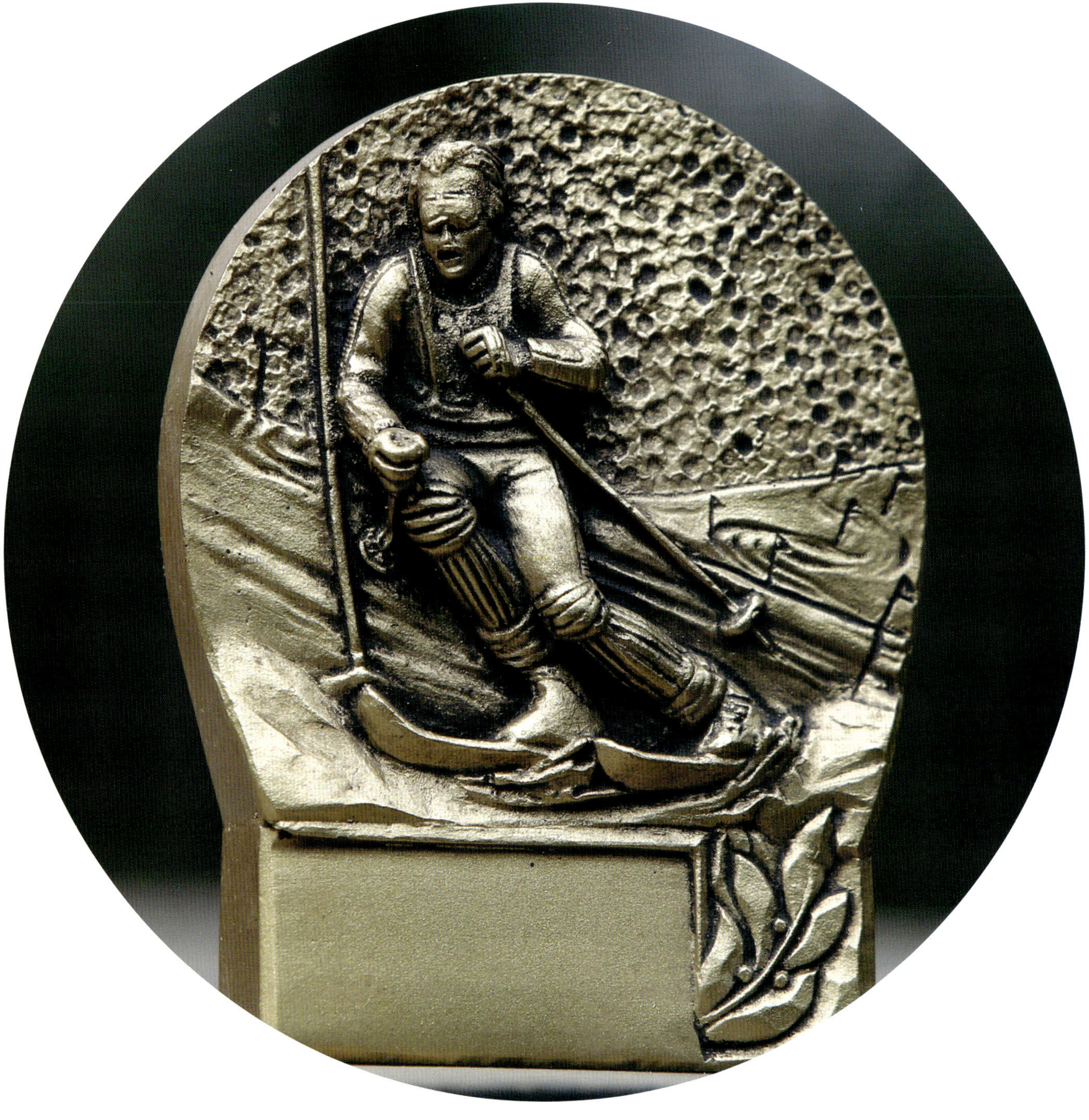

Textsammlung 3

Dem ICH ganz nahe – mitten im WIR – erfasst vom GANZEN

880 „Einherrasen wie ein Wirbelwind"

„Was ist das dort auf den Bergen, das einherrast wie ein Wirbelwind? Ist das etwa ein Mann auf Schneeschuhen?"

König Harald der Schönhaarige staunt über einen Skifahrer; Aus der „Sammlung Thule". Bei Erwin Mehl, „Grundriß der Weltgeschichte des Schifahrens". Schorndorf b. Stuttgart 1964, Seite 71

1767 Kleine Kinder kriechen schon zu den Hügeln

„Die kleinen Kinder können kaum gehen und schon kriechen sie zu den Hügeln, stellen sich auf die Schneeschuhe und fahren die Hänge herunter."

Knud Leem, „Beskrivelse over Finnmarkens Lappen" 1767, wiedergegeben bei Olav Bo „Norsk Skitradisjon" 1966, Seite 27

1835 „Mit schreckenerregender Gewandtheit"

„Waren es zwei lebende Geschöpfe, waren es zwei Pfeile? … Wo dennoch dieses Paar mit der schreckenerregenden Gewandtheit dahinglitt, welche die Somnambulen besitzen, wenn sie, alle Bedingungen der Schwere … vergessend."

Honoré Balzac in seinem Roman „Seraphita". Reprint 1835, Seite 279

1885 „Gefühl der Freiheit und Selbständigkeit"

„Das Gefühl der Freiheit und Selbständigkeit erzeugt durch eine rasche Thalfahrt."

Georg Blab, „Anleitung zur Erlernung des Schneeschuhlaufens". München 1885, Seite 13 (Erstes Skilehrbuch der Welt)

1881 „Wie ein Meteor"

„Wie ein Meteor ging er nieder unter die erstaunte Menge. Es war wie eine Vision! … man konnte das Geschehene kaum fassen."

Bericht in der Wochenzeitschrift „Norsk Idraetblad", Text und Bild übernommen aus „Walter Umminger, Sport Chronik – 5000 Jahre Sportgeschichte". Berlin 2000, Seite 150 f.

1885 „Und fuhren jauchzend"

„Und fuhren jauchzend über die Hänge der leuchtenden Höhen, erlebten die unvergleichliche, unbeschreibliche Lust des flugleichten Gleitens über den weichen, stiebenden Schnee. Unserem Körper, unserem Fühlen und Empfinden wurden neue, wunderbare Erlebnisformen geschenkt, eine neue Welt tat sich auf, eine Welt, in der wir immer neue Schönheiten, neue Möglichkeiten entdeckten: Wunder reihte sich an Wunder; junge Menschen erblickten sie in tiefster Seele. … Was wir hier erlebten, was uns erfüllte, war so schön und beglückend, so voll lebensbejahender Kraft, das mußte Allgemeingut werden!"

Wilhelm Paulcke, „Berge als Schicksal". München 1936, Seite 47. Erinnerungen an 1885

1908 „Heimweh nach Schnee und Schneeschuhlaufen"

„Das Heimweh nach Schnee und Schneeschuhlaufen ist nichts als eine Sehnsucht nach Bewegungsfreiheit."

Anton Fendrich, „Der Skiläufer". Stuttgart 1908

1911 „Schier in Verzückung"

„Bald standen wir wieder dort, wo wir die Gleitscheite zurückgelassen hatten. Bogenziehend fuhren wir dann über den steilen Hang in die Mulde hinab, durchflogen diese in schnurgerader Linie und bogen in den schüttern Wald ein. Nach den Hütten der Gotsalmseite gerieten wir schier in Verzückung: Auf stetig fallendem Gelände glitten die Bretteln, selbständig gelenkt von den Spuren des Aufstieges, pfeilschnell dahin."

J. Baumgärtner und Karl Sandtner, „Schneeschuhfahrten in den Niederen Tauern". In: „Zeitschrift des Deutschen und Österreichischen Alpen-Vereines 2011". Seite 203 – 225, hier 207

1914 „Eine Welt von verschlossenen Genüssen und Schönheiten"

„Die Schneeschuhalpinistik ist wirklich die herrlichste Bereicherung unserer Technik und eröffnet uns eine Welt von verschlossenen Genüssen und Schönheiten."

Aichinger, J., „Zur Entwicklungsgeschichte des Alpinismus und des alpinen Schneeschuhlaufs". In: „Zeitschrift des Deutschen und Österreichischen Alpenvereins". Bd. 50, Jg. 1914, Seite 167

1916 „Auf immer in Atem gehalten"

„In dieser immerwährenden Beschäftigung des Schneeschuhläufers mit der Skitechnik liegt ein großer Teil der Reize des Schneelaufes. Über diese Beschäftigung kommt der Schneeläufer nie hinaus, selbst der allerbeste, der Künstler auf Schneeschuhen, wird fortwährend von der Anpassung seiner Hilfen an die wechselnden Verhältnisse in Atem gehalten."

Carl J. Luther, „Die Schule des Schneelaufs". Stuttgart 1916, Seite 50

1921 „Über sanfte Kristalle stürzend"

„Einzig auf Schneeschuhen: veredelte Sohlen sind sie endlich ganz allein miteinander, die Geschwindigkeit und er. Schräg über sanfte Kristalle stürzend, wird der Mensch daselbst zum Alpha und Omega der Bewegung – auf diesen seinen zwei federnden Sohlen hinausschwingend über sich und in ein neues Maß."

Sir Galahad, Roman „Die Kegelschnitte Gottes". Zitiert bei Carl J. Luther, „Skilaufen. Kreuz– und Quersprünge im Schnee." Wien 1921, Seite 47

1927 „Sie hatte schöne, wunderbar starke Beine"
„Hadley und ich liebten das Skilaufen … sie durfte sich beim Laufen keine Fehler erlauben, aber sie hatte schöne, wunderbar starke Beine und beherrschte ihre Ski vollkommen."
Ernest Hemingway 1927. In: „Paris. Ein Fest fürs Leben". Reinbek bei Hamburg 2011, Seite 143

1927 „Skilaufen, der König des Sports"
„Nur der Skilauf befreit restlos von den Schlacken der Zivilisation, und das nicht auf Kosten der Gesittung wie so manch andere Sportart. Und darum wird, solange die Berge stehen und der Schnee fällt, das Skilaufen der König des Sports bleiben."
Helmut Kost, „Wintersport". In: „Die deutschen Leibesübungen", hrsg. von Edmund Neuendorff. Essen 1927, Seite 600

1927 „Raumhunger und Schnelligkeitsdurst"
„Da kam dieser neue Sport, der ganz auf Geschwindigkeit und Raumüberwinden eingestellt ist, der seiner innersten ‚Idee' nach Raumhunger und Schnelligkeitsdurst ist."
Henry Hoek, „Schnee, Sonne und Ski". 2. Aufl. Leipzig 1927, Seite 44

1928 Erster Schnee
„Es tanzt für die Mädchen, so weit ich seh´,

ein feiner und heiter singender Schnee – Der ganze Himmel tanzt vor mir."
Hans Roelli, „Erster Schnee" In: „Der Bergsteiger". Wochenschrift für Bergsteigen, Wandern und Skilaufen. Wien 1928, Seite 355

1928 „Die charakterologischen Eigenschaften"
„Die charakterologischen Eigenschaften nun, die der Skiläufer unbedingt und in einem möglichst hohen Grade besitzen muß, sind die folgenden: Entschlußfähigkeit bis zur Wage– und Abenteuerlust, Mut und Schneid, dabei Ruhe, Besonnenheit und Unerschrockenheit unter kritischen Verhältnissen, ferner Zähigkeit und Ausdauer, Willensstärke und Selbstbeherrschung gegenüber körperlichen Forderungen, vor allem der Ermüdung, endlich die sozialen Tugenden der Kameradschaft und Hilfsbereitschaft."
M. Baganz, „Von der Eignung zum Skiläufer". In: „Der Winter". XXI. Jg. 1927/28, Seite 2 f.

1929 Erlernen der Technik als größte Freude
„Der Skilauf bereitet in der Erlernung selbst schon größte Freuden; es ist zudem eine längst erfahrende Tatsache, daß der Genuß, das Glück, das er uns schenkt, um ein Vielfaches mit der Beherrschung der Technik steigt … Der Skisport führt uns sogleich und unmittelbar in alle die Freuden und Schönheiten der Schneewelt, das Lernen an sich, ungetrübt von der Enttäuschung verschwendeter Zeit, ist Skifahren und Schneewonne, ist Schneeglück und Bergseligkeit im Sonnenschein des Winters."
In „Bergsteigen und Skifahren", gedruckt und auch wahrscheinlich verfasst von Rudolf Rother. München 1929, Seite 6 f.

1929 „Bruder des Fliegens"
„Durch immer weitergehende Befreiung von aller Erdenschwere, die das Skilaufens zur herrlichsten aller Sportarten, zum Bruder des Fliegens macht."
Fritz Reuel, „Neue Möglichkeiten im Skilauf". Stuttgart 3. Aufl. 1929, Seite 253

1930 „Das Evangelium der gesamten Skitechnik"
„Um schließlich aus oberster Schau befriedigt und zufrieden über ein vertrautes Land mühevoller Arbeit und glücklichen Genießens hinwegzuschauen über Prosa und Poesie des Skifahrerlebens, und um das Evangelium der gesamten Skifahrtechnik zu tief innerst zu verstehen und in stillem Abglanz in unser Alltagsleben hinüberzuspiegeln."
Josef Dahinden, „Die Ski-Schwünge". München 1930

1930 „Ein Fliegen hub nun an"
„Über einen unheimlich steilen Hang, auf dem sengende Hitze brütete, fuhren wir in engen Bögen durch rauschenden Firn hinab. … Ein Fliegen hub nun an, hinab in die Tiefe, dahin und dorthin, bald im Scheine der Sonne durch gischtenden Firn, bald im Schatten durch eisigen Pulverschnee … Durch stäubenden Schnee schossen wir hinab … in toller Fahrt jagten wir, einer hinter dem anderen, dem Tale zu."
Julius Gallian und Dr. Ernst Hanausek, „Schifahrten um das Seekarhaus". In: „Zeitschrift des Deutschen und Österreichischen Alpen-Vereins", 1930

1931 „Ihre Stürze sind fabelhafte Wirbel"
„Manche legt es um und ihre Stürze sind fabelhafte Wirbel, schneeumtaumeltes Gebilde in gesetzlosem Niedergang. Ihre Stürze aus dem Tempo heraus sind von krauser Wildheit, Ausdruck fanatischen Willens, der noch im Sturz Zeit gewinnen will. Sie richten sich auf und jagen weiter, sind halb betäubt und ohne Sinn für alles, was außerhalb des Tempos liegt."
Roland Betsch, „Gott in der Lawine". München 1931, Seite 144

1934 „Schwereentbundenes Gleiten und Schwingen"
„Und sie (die Göttin) ersann eine Gabe, darin alles vereint war, was sie an Freuden kannte: den Rausch schnellster Bewegung und die Ruhe mitten im stürmenden Lauf; des Körpers Freude am schwereentbundenen Gleiten und Schwingen, erlöst von der Mühsal des Stapfens und Schreitens."
Carl J. Luther, „Skiläufer". 1934, Text Seite 67, Bilder Seite 67 und 59

1934 „Unermeßliche Siegesfreuden"
„Das in 50 Wochen eingesperrte „Ich" will seine Ferien, will heraus aus Zwang, will Eindrücke neuen Art hamstern, will sich in der Beschaulichkeit der über alles stehenden Natur wieder als Mensch mit Selbstbestimmung fühlen will irgend etwas aus eigenem Antrieb leisten und schon der erfolgreich bestandene Kampf mit dem eigenen Gleichgewicht löst unermeßliche Siegesfreuden aus."

Lothar Gfrörer, „Skilehrer – Skitrainer, zweierlei Entwicklungsstufen". In: „Deutsche Sportlehrer-Zeitung". Berlin 1934, 9. Jg., Nr. 10, Seite 143 f.

1934 „Ein leises liebkosendes Verstehen"
„Skifahren ist ein Spiel mit unendlich verlängerten Gliedern. Immer abwechselnd sollt du den einen oder den andern Ski belasten, sollst abwechselnd mit vorgeführter Spitze den Schnee ertasten ... Die Ski sollen dir keine toten Kufen sein – nein, fühlende Verlängerung des Körpers ... Deine Skispitzen müssen Dir sagen, wie der Schnee ist. Ein leises kosendes Verstehen muß sein zwischen dir und dem Schnee."

Henry Hoek, „Skiheil Kamerad". Hamburg 1934, Text und Bild S. 33 f.

1935 Die gute Mia, „ein Opfer des weißen Sportes"
„Endlich kam auch Mia Mena herangekoffert. Die Spur breiter als man es den kurzen Beinen zugetraut hätte, das wuchtige Rückenende hoch hinausgestreckt, die Arme wie zum Hechtsprung weit vorgestoßen, den Blick unbeirrt geradeaus auf die Stelle gebannt, an der voraussichtlich der nächste Sturz erfolgen mußte. So segelte die Diva daher wie ein einsamer Lawinenbrocken, ein Opfer des weißen Sportes. Schneekrusten bedeckten als Reste zahlloser Stürze ihre verschiedenen Körperteile. Das Ganze ein Bild jammervoller, aber mit Trotz erduldeter Auflösung."

Hans Fischer-Stockern, „Ski, sie und Julius". München, Text Seite 60.

1936 „Singender Schnee mit singendem Menschen"
„Wie oft habe ich durch verschwiegene Mulden, allein in der Schnee-Unendlichkeit, Telemark an Telemark gereiht, zuerst sinnvoll bewußt, nach und nach aber immer trunkener, mit schließenden Augen, ein Wogewiegender, in dem sich singender Schnee mit dem singenden Menschen einte, bis ich jäh, aufschreckend aus Traum und Versunkenheit durchschlug und verwundert, silberne Tropfen abschüttelnd, schier ungläubig mich wieder herausschäle."

„Ein launiges Vorwort". In: „Ski und Du" von Josef Dahinden. Zürich 1936, Seite 12

1937 Frauen mehr und Männer weniger schwungbegabt
„Der Mann ist standsicher und weniger schwungbegabt, die Frau steht weniger durch (ist nicht gleichzusetzen mit Ausdauer) und ist schwungbegabt."

Fritz Hoschek, „Das natürliche Schwungfahren". In: „Leibesübungen und körperliche Erziehung", Heft 1, 1937, Seite 17 – 23, Seite 22

1938 „Wintersportlegendchen"
„Dem heiligen Franz war kein Hang zu steil, kein Hügel zu hoch, kein Holz zu dicht, kein Hindernis zu hinterlistig – er lief und sprang und bremste derart meisterhaft, daß er nie seinen Heiligenschein verbog." Im Wald trifft er eine Gruppe Skihaserl und predigte ihnen. Diese „spitzten andächtig die Ohren, wie er so sprach von unbefleckten Trockenkursen im Kloster zur guten Bindung, von den alleinseligmachenden Stemmbögen, Umsprung-Ablässen und lauwarmen Telemarkeln."

Ödön von Horváth, Wintersportlegendchen (1901 – 1938)

1940 „Sondern bereits göttlich"
„Aber in dem Maße, wie mich der Schuß überwältigte, und wie es hinging mit mir, nicht mehr menschlich, sondern bereits göttlich, da vergaß ich alles in der Welt, sogar mich selbst. Ich war nur noch unpersönlich. Ich sagte vorhin schon, daß die Parsenn berauschend wirkt."

Felix Riemkasten, „Skihasenbrück". Innsbruck 1940, Seite 45

1943 „Eine Seligkeit ist's"
„Leicht und spielend drehen sich hier die Schwünge. Ebenso froh legt man sich in die lockenden Hänge. Kreuz und quer offen ist die Bahn. ... Schneemulde um Schneemulde wird da wiegend ausgefahren und tief ausgekostet. Eine Seligkeit ists, in schlichter Zartheit falterleicht und tanzend über den Schnee zu huschen und dabei den feinen Duft von Schnee, von Frische und kühler Gesundheit in sich hineinzuschlürfen."

Alfred Flückiger, „Die jauchzende Winterlust". Zürich 1943, Seite 70 f.

1946 „Ausschließlich ein Gefühlsschwung"
„Der Schwung in schnellerem Tempo ist fast ausschließlich ein Gefühlsschwung, schon scheinen wir dahinzuschweben. Die Bretter tasten sich über die Hindernisse hinweg, der Instinkt entscheidet und handelt, während der Gedanke hinter dem rasenden Tempo zurückbleibt."

Gottfried Rössel, „Sonne, Schnee, Schilauf". Linz 1946, Seite 105

1965 „Er brennt danach, sich zu wehren."
„Wer Ski läuft, sieht voraus, dass er überrascht werden wird. Er weiß aber nicht wann. Er brennt danach, sich zu wehren, aber er weiß nicht, in welchem Umfang er seine Kräfte einsetzen muss... Dieses Überraschungsmoment löst für Anfänger und Läufer unbewusste seelische Spannungen und Erregungen aus."

Karl Mülly nach einem imaginären Interview von Arturo Hotz, „Ein Gleichgewichtsgefühl, das körperlich, geistig und seelisch bedingt ist". In: „Ideen – Hoffnungen – Illusionen. Rückblick auf 69 Jahre Turn- und Sportlehrer/innen-Ausbildung an der ETH Zürich". Zürich 2005, Seite 231

1970 Lob des Skilaufs
„Den Genuß des Skilaufens ... verdankt der Mensch dem närrischen Einfall, an seine weichen Fußgelenke lange Bretter zu binden und dann aus Leibeskräften daran zu drehen." Dies missglücke regelmäßig, doch der Verfasser fährt trotzdem fort: „Also ist es offenkundig, daß die höheren Mächte dem Skifahrer wohlwollen. Mehr noch, sie überschütten ihn mit ihren Gaben."
Karl Heinrich Waggerl, 1897 – 1973, österr. Heimatdichter

1973 „Dem Alter weiten sie noch einmal das Herz"
„Das Joch der Schwere nehmen sie (die höheren Mächte) ihm ab und schenken ihm die selige Leichtigkeit des Vogels. ...Sie schließen seinen Mund und lassen ihn das Geschwätz der Welt vergessen. Aber sie öffnen ihm die Augen, dass ersehe, was groß und schön unter dem Himmel liegt, und damit er schauen lerne, wenn er noch jung ist. Dem Alter weiten sie noch einmal das Herz, ihm geben sie, wenigstens für eine Weile, das Köstlichste zurück, die Jugend.
Karl Heinrich Waggerl, 1897 – 1973, österr. Heimatdichter

1981 „Schon als Skiläufer geboren"
„Anfänger wirken nicht mehr so lächerlich wie früher. Das Skifahren scheint zu unserem alltäglichen Leben zu gehören. Unsere Kinder werden schon als Skiläufer geboren. ... Skifahren ist selbstverständlich geworden wie Autofahren oder Schwimmen."
Georges Joubert, „Ski-Handbuch". Bad Homburg 1981, Seite 13

1989 „Ein Zauberer, der aus dem Nichts und im Nu schöne Bewegungen macht"
„Wer mehr als zweimal in der Sekunde wedeln kann, muss vielen Menschen als eine Art Zauberer vorkommen, als ein Zauberer, der aus dem Nichts und im Nu schöne Bewegungen macht."
Walter Kuchler, „Die neue Skitechnik". Reinbek b. Hamburg 1989, Seite 90

1989 „Die allerschönste Theorie erfüllt im Schnee sich, auf dem Ski"
„Kein Sport ist so wie der auf Ski / bestimmt von Wissenschaftsmanie. / Erforscht ist jede Körperregung, gemessen jede Teilbewegung / von der Mechanik, der Chemie, / der Physio-Morphologie. / Ob Außen– oder Innenkante, / ob Rotation die Bretter spannte, / ob deiner Skier enger Bogen / durch Bahnen-Splitting war gezogen; / ob deiner Hüfte Drehimpuls / bei Tiefschnee reicht und auch bei Sulz – / all das hat schon in langer Nacht / ein Skiprofessor durchgedacht, / und was am Hang sich sonst noch regt, / in Bild und Formel festgelegt. ... Ein Trost wird uns beim Skifahr´n bleiben: / Wer will, mag forschen, tüfteln, schreiben, / mag Dogmen suchen, Regeln finden, / mag Schwung und Bogen neu begründen – / sind erst die Bretter angeschnallt, / lässt alle Theorie uns kalt. / Dann stört nicht Buch noch Wissensdrang / uns auf der Piste und am Hang. / Der Theorie– und Praxis-Tausch / bewirkt den lang vermissten Rausch: / das Fieber steigt, es lockt der Firn, / das Herz hat Vorfahrt, nicht das Hirn! / Und glücklich stellt man wieder fest, / dass es sich nur e r f a h r e n lässt: / Die allerschönste Theorie / erfüllt im Schnee sich, auf dem Ski."
Karl-Heinz Platte in Skimanual von SPORTS

1991 „Aus Bewegung wird Geschwindigkeit"
„Der Körper streckt sich, entfaltet sich in die Weite der Spur. Der Körper gleitet in den Raum hinein und ein Gefühl der Leichtigkeit und des Schwebens begleitet diesen Schritt."
Wolf Hellwing, Walter Kuchler, „Skiwandern". Reinbek b. Hamburg 1991, Seite 73

1995 „Und jedesmal meinen sie dabei, das Skifahren neu zu entdecken"
„Für viele Skifahrer ist eine Tiefschneeabfahrt – noch dazu an einem Sonnentag, noch dazu als erster Spurenzieher, noch dazu inmitten einer traumhaften Bergkulisse – auch heute noch die Krönung der ganzen Saison. Und jedes Mal meinen sie dabei, das Skifahren neu zu entdecken."
Walter Kuchler, aus einer Frühstückskarte

1998 Das Glück bekommt Namen
„Skifahrer laufen nicht, sondern fahren dem Glück hinterher. Und manchmal holen sie es ein. Vor allem in der Kurve durchströmt es uns. Trägt uns. Verdichtet sich im schwingenden Hin und Her. Bekommt Namen wie Rhythmus, Kurvengleiten, Kurvenlage, Stauchdruck, Beschleunigung, Gelingen."
Walter Kuchler, aus einer Frühstückskarte

1998 „Lieber Gott!"
„Lieber Gott, lass den Hang nie enden!"
Uli Kröckel aus Hamburg in einem Lehrgang am Ende einer Tiefschneeabfahrt

2003 „Gefühle, die uns und unsere Bewegung tragen"
„Unsere Bewegungen und unsere Schneegraphik sprechen von unserem Können, unserem motorischen Temperament, unserem Schneegefühl, unserer Tagesform und Tageslaune, unserer motorischen Phantasie und den Gefühlen, die uns und unsere Bewegung tragen."
Walter Kuchler, aus einer Frühstückskarte

2003 „Wie in einem anderen Leben"

Letztlich ist Skifahren auch ein großes Spiel mit dem eigenen Selbstverständnis. Viele von uns erleben sich im Schnee und auf der Piste wie in einem anderen Leben. Wir treffen kühne Entscheidungen. Wir erlernen neue Bewegungsabläufe. Wir kämpfen und siegen.
Walter Kuchler, aus einer Frühstückskarte

2006 „Glücklichsein lässt sich so auch trainieren"

„Skifahrer erleben sehr glückliche Minuten und Stunden. Getragen von den Eindrücken der Winterlandschaft, der Bewegungserlebnisse und der Begegnungen. Glück speichert sich in Erinnerungen, wirkt weiter, kann weitergetragen werden. Glück lässt sich so auch erlernen und Glücklichsein lässt sich so auch als Fähigkeit trainieren. Auch heute."
Walter Kuchler, aus einer Frühstückskarte

2010 „Skifahren verwandelt uns immer wieder"

„Das Skifahren verwandelt uns immer wieder. Wir lernen schnell, wir bewältigen große Schwierigkeiten, wir wachsen über uns hinaus."
Walter Kuchler, aus einer Unterrichtskarte

2011 „Skifahren erfinden sich"

„Skifahrer erfinden sich regelmäßig neu. Ängstliche probieren Mut. Zaghafte entscheiden schnell. Langsame wollen Tempo. Stürmische entdecken Rhythmen. Perfektionisten verfallen dem Spiel."
Walter Kuchler, aus einer Frühstückskarte

2012 „Flow-Erlebnis, das sich so leicht einstellt"

„Es ist das Flow-Erlebnis, das sich beim Skifahren so leicht von alleine einstellt: sich über den Schnee gleiten lassen, eins mit der Umgebung, den Skiern und der Bewegung sein. Ein Zustand, … der durch Selbstvertrauen, Lebensfreude und konzentrierte Entspannung geradezu mit dem Gefühl der Schwerelosigkeit gleichgesetzt werden kann."
Nicola Spieß-Werdenigg, „Wir sind Weltmeister". Periodikum Edelwiser 07/0, Seite 140

2013 „Gefühle und Gefühlslagen verdichten sich"

„Die vielen Gefühle und Gefühlslagen verdichten sich oft zu einem anhaltenden Stimmungshoch. Ski und Fahrer schweben durch Raum und Zeit."
Walter Kuchler, aus einer Lernkarte

2014 „Instrumente, auf denen wir spielen"

„Carvingski fahren fast von selbst um die Kurve – wenn man sie nur lässt. Sie haben eine hohe Autokinetik, eine hohe Selbstführung. Sie sind hochentwickelte Instrumente, auf denen wir spielen, agieren und uns skifahrerisch entfalten."
Walter Kuchler, aus einem Manuskript

2014 Mit heißem Atem

„Den Ski auf die Kante zwingen, bis der heiße Atem über den Schnee streicht."
Satz aus einem Unterrichtsgespräch

2015 „Ein Verhältnis der gegenseitigen Herausforderung

„Zwischen Fahrer und Ski entwickelt sich fast immer ein Verhältnis der gegenseitigen Herausforderung, der Bestätigung und der Synergie."
Walter Kuchler, aus einer Lernkarte

2015 „Er wird es nicht mehr lassen"

„Kaum macht ein Mensch die ersten Rutscher, fühlt er sich schon als Skifahrer. Weil er plötzlich lange Füße bekommen hat? Weil er ahnt, dass er sich auf eine lange Reise begeben hat? Jedenfalls: Er weiß, dass er nun dazu gehört. Und er wird es nicht mehr lassen."
Walter Kuchler, „Skifahren – einfach schön". Dortmund 2015, Seite 57

2015 „Das Ich im Kurvenrausch"

„Bewusstheit durch Bewegung! Das Ich-Bewusstsein steigert sich in Hochgefühle bis zum Bewegungsrausch und verliert sich in ozeanischen Gefühlen und in Selbstvergessenheit."
Walter Kuchler, „Skifahren – einfach schön". Dortmund 2015, Seite 81

2015 „Alles wird stimmig"

„Resonanzen sind Glücksstunden, in denen wir im Fahren und Schwingen aufgehen, die Räume durcheilen und unsere Bewegungen immer neu entwerfen. Alles gelingt und alles wird stimmig."
Walter Kuchler, „Skifahren – einfach schön". Dortmund 2015, Seite 93

2015 „Eine Kaskade von Hormonen"

„Licht, Bewegung, Rhythmen, Gelingen, Kontakte – jedes für sich ein Glücklichmacher. Einen Kaskade von Hormonen wird ausgelöst. Skifahren ist eine selbst verordnete Medikation für gute Stimmung mit körpereigenen Hormonen."
Walter Kuchler, „Skifahren – einfach schön". Dortmund 2015, Seite 94

2017 „Man ist für einen Moment verwandelt"

„Schnee-Morphose: Ein Erlebnis der Naturzugehörigkeit. Eine Art von Symbiose. Die Natur steht nicht mehr gegenüber, sondern man erlebt sich als Teil der Natur. Ski und Skifahren gleiten in die existentielle Befindlichkeit hinein. Man ist für einen Moment verwandelt."
Walter Kuchler, „Skilexikon". 2017

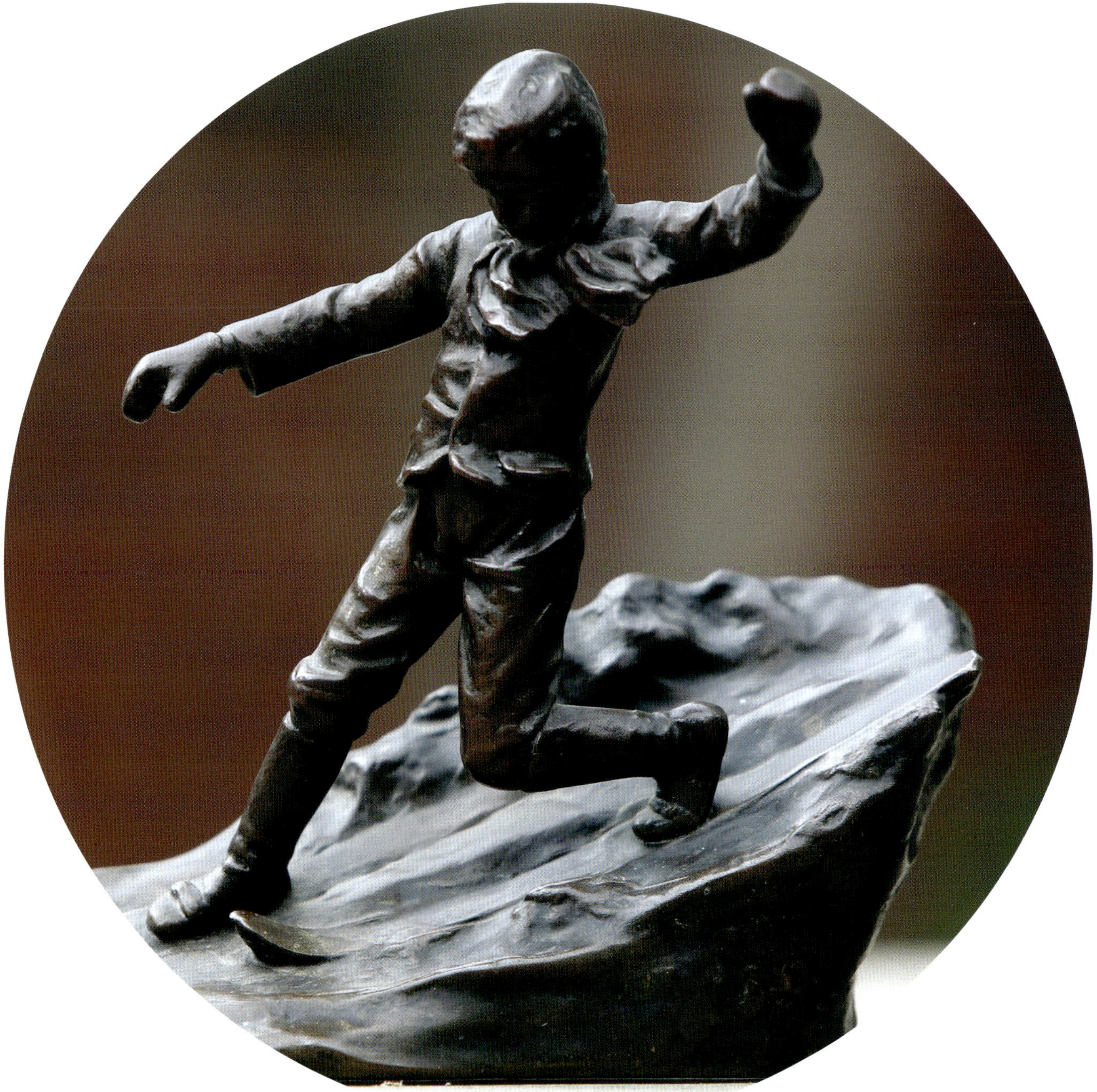

Teil 3

Impressionen von Ästhetik, Emotion und Selbstbetroffenheit

In Bereichen der Körperkunst

Der Lehrplan der österreichischen Berufsskischulen kennt seit Jahrzehnten die „alpine Grundeinstellung" und erläutert diese anhand der Körperhaltung in der Schrägfahrt, die weitgehend dem Bilde der Steuerphase entsprechen soll. Ich kann mich dieser Sicht nicht anschließen. Mit der Schilderung möglicher Figurationen möchte ich auch die Öffnung der Skitechniken und die Vielfalt skitechnischer Möglichkeiten verständlich machen.

Figurationen, Grundfiguren oder Positionen bestimmen in der Regel schon im Voraus, wie der Fahrer mit den Ski umgehen kann und welche fahrtechnische Möglichkeiten ihm zugänglich sind. Es ist von Vorteil, über möglichst viele Positionen zu verfügen, wobei ebenso wichtig ist, fließende Übergänge zu beherrschen.

Nicht immer, aber fast immer, zeigen die in einer bestimmten Technik ausgewiesenen Abfahrtspositionen auch die typischen Elemente, die man für diese Technik als schön empfunden hat und vielleicht auch noch heute als schön nachempfinden könnte. Der Rückblick zeigt, wie außerordentlich reich die Formensprache allein schon in der Auswahl von Positionen ist, und was die Skitechnik an Körpersprache dem Skifahrer abfordert. Diese Kunst der Körperfiguration geht weit über die Alltagsmotorik hinaus und stellt im Vergleich zum Tanz auch eine ebenso imponierende ästhetische Show dar. Übertroffen werden kann sie nur von artistischen Disziplinen.

Skifahrer, die sich vor allem ein größeres skitechnisches Repertoire erarbeitet haben, bewegen sich in Bereichen der Körperkunst und der ästhetischen Gestaltung eines formenreichen expressiven Sports,

Um die Besonderheiten der ästhetischen Figurationen einzelner Zitate in ihrer Zeitbezogenheit, Einzigartigkeit und vielleicht auch phantasievollen Kraft und Kreativität sichtbar und verständlich zu machen, versuche ich auch einen Überblick über bekannte Figurationen zu geben.

Beispiele komplexer Gestaltung

Schwingen: Die Faszination von Rhythmus, Wiederholung und Leichtigkeit

Schwingen ist schön. Man zwingt die Fahrt in Richtungen und Formen. Der Raum und die Landschaft werden auf eine unverwechselbare Weise erschlossen und gegliedert. Nirgend wird der Versuch deutlicher, die herrschenden Kräfte in Dienst zu nehmen und sich als Herr der Bewegung zu erweisen.

Bei jedem Schwung löst man sich vom Hang, wendet sich der Tiefe des Tales zu und schmiegt sich wieder an den Hang an. Bei jedem Schwung nimmt man Fahrt auf und bremst sie wieder ab. Jeder Schwung ist ein Spiel mit Versteilung und Verflachung: Man wirft sich in die Falllinie, als ob es über eine Kante geht, man zieht den Ski wieder hin zum Hang, als ob man eine Mulde durchstehen wollte.

Wer schwingt, gestaltet Wellen und gibt sich den Wellen hin. Wer schwingt lässt das Tempo an und abschwellen oder versucht es gleichmäßig zu erhalten. Wer schwingt, spielt das Spiel von Bewegen und Bewegtwerden.

In allem Schwingen liegen die Reize des Rhythmischen, der Wiederholung und des Leichten. Weil man sich einfühlt, weil man alle Kräfte aufeinander abstimmt, weil man sich der Bewegung überlässt, wird alles schwunghaft. Schwingen ergibt im Schnee, im Tanz, in der Arbeit ein eigenes Lebensgefühl: Leicht sein. Getragen werden. Im Rhythmus sein. Ein Spiel treiben und Spielball sein. Sich dem Wunsch nach unendlicher Wiederholung überlassen.

Beispiel Looping

Es gibt diese Situationen. Du fährst gegen den Hang, den Hang hoch also, und legst dich bereits in die Kurve. Dann fahren die Ski für ein oder gar zwei Sekunden oben, du aber liegst talwärts. Dann, darauf verkehren sich die Lagen von Ski und Fahrer: Die Ski fahren wieder auf der Talseite und der Körper steht wieder über ihnen. Du hast einen Looping gefahren, wie ihn die Kunstflieger kopfüber durch den Himmel ziehen.

Erstmals haben diese Fahr- und Formgestaltung 1952 Anderl Molterer (A) und Stein Eriksen (N) beschrieben. Beide als Experten in den USA. Beim gemeinsamen Skifahren haben sie diese Möglichkeit beim Befahren lange abfallender Muldenränder entdeckt. Beim Durchsuchen allerdings der alten Skiliteratur stößt man auf den Pionier Georg Bilgeri. Schon 1911 hat er diese Raffinesse des Skifahrens beschrieben, der Sache nach und auch den Namen Looping geprägt. Und heute? Geht nochmals leichter. Wer Carven kann, kann die Spur hoch und quer ziehen und wieder in die Falllinie abfallen lassen. Hier bekommt die Falllinie auch am augenfälligsten ihren Namen.

Auch das schärfste aller Carvinggefühle. Du ziehst hoch und kippst kopfüber aus dem Hang. Ski oben und Du unten. Du ziehst hoch und kippst kopfüber aus dem Hang. Die Sekunde des Zenits, die sich dehnt und doch so schnell wieder abbricht. Aber einen Augenblick lang zieht die Spur durch den Himmel. Loopen! Ich liege knapp über dem Schnee, vom Anfang bis zum Ende. Ich zieh die Spur im Kreis herum. Der Druck auf den Kanten hält an. Die Ski zeigen wieder einmal, dass sie schneiden, halten, führen können. Sie sind kurvengierig wie immer. Jetzt ziehen sie nach unten. Die Welt steht nicht mehr Kopf. Es war alles richtig angesetzt.

Von Looping zu Looping gewinnen solche Empfindungen, Wahrnehmungen und Gefühle an Intensität. Gespannt und voller Erwartung schießt man in diesen Schwung hinein und fährt beglückt wieder heraus.

Die Zdarsky-Position

Mathias Zdarsky lehrt 1897 eine aufrechte Haltung mit seitlich geführtem und Schneekontakt haltendem 180cm langen Stock. Auch ohne Fersenfixierung der Bindung verlangt er Vorlage in Form einer Fußballenbelastung.

Vielleicht ist die aufrechte Position mit Fußballenbelastung auch eine Option für Fahrer mit Rückenschmerzen. Ausprobieren und Suchen.

Die Arlberghocke

Die erste definierte Rennposition durch die Arlbergschule. Absitzen bis zur Horizontale der Oberschenkel. Eine vergleichbare Position fuhren um 1880 auch die norwegischen Einwanderer in den USA bei ihren Geschwindigkeitsrennen auf bis zu 4 m langen Ski.

Die Telemarkhocke

Eine Schusshocke im Ausfallschritt. Schon in den 1880er Jahren bekannt und in den 1920ern gelehrt. Vertreter z. B. Fritz Reuel. Ausführung: große Schrittstellung und absitzen auf dem hinteren Ski.

Die Reiterposition

Auch Schaukelposition genannt. Eine Grundposition der 1930er Jahre. Dabei sind Sprung- und Kniegelenke stark gebeugt. Der Oberkörper ist aufgerichtet und der Kopf ist zurückgenommen.

Die Engelposition

Ab Mitte der 1930er Jahre wird das „Engeln" in Schuss und Schwung gelehrt. Typisch der aufrechte Körper und die ausgebreiteten Arme.

Im Kinderskikurs gerne praktiziert. Aber auch lehrreich, um zu zeigen, dass man Hände und Arme frei führen kann.

Die Schulposition 1956

Hochaufgerichtete Körperhaltung, die sogar schulterhohe Stöcke verlangte. Sie war auch die Ausgangslage für die Schrägfahrt mit Verwindung und Hüftknick. Erst in den 1960er Jahre wurde diese hohe Stellung gemildert und schließlich in Ableitung der Vor-Seitbeuge wurde auch eine Rundung des Rumpfes gelehrt.

Die C-Position – Grundposition des Carvens – unsere heutige Empfehlung:

Die C-Position ist eine Bezeichnung der Amerikanerin Denise Mc Cluggage (1977). Andere Bezeichnung auch: Parabolstellung. Charakteristik:

Grundposition als ob der Buchstaben C seitlich auf den Körper projiziert wäre.

- Diese Kurve verläuft von den Kniekehlen über Po und Rücken bis Hinterkopf.
- Diese für Skifahrer ideale Biegelinie erlaubt am besten Kräfte aufzufangen und umgekehrt die Kraft des ganzen Körpers auf den Ski zu bringen.
- Sie bietet außerdem große Ausgleichsbewegungen und Ausgleichsmöglichkeiten des ganzen Körpers.

Die Surfposition

Surfen als Fahrhaltung beschreibt 1967 erstmals Georges Joubert. Die Fahrtluft soll von den Ski und Schuhen den Unterschenkel hoch und über den Fahrer hinweg streichen. Dazu schiebt der Fahrer die Ski vor sich her. Mit dem Fersenstand verbindet sich ein Zehenzug. Die Oberschenkel gehen in die Horizontale. Arme und Stöcke legen sich an den Körper – oder gehen im Schwung in eine stark ausgeprägte Diagonale zu den Ski. Die Skiführung ist in der Regel nur leicht offen. Diese Position erlaubt im Schwung kein sehr starkes Aufkanten. Sie ist für kurze Schwünge wenig geeignet.

Die Position Rakete
Eine der von Georges Joubert in den 1960er Jahren typisierten Rennpositionen. Über die normal angebeugten Beine geht der Oberkörper in Vorlage. Dabei werden die Stöcke unter die Achsel geklemmt und die Fäuste vorgeschoben, damit sich dahinter der Kopf abducken kann. Die Feder- und Ausgleichsmöglichkeiten der Beine bleiben erhalten.

Die Position Ei (Kugelform)
Nach der Typisierung von Georges Joubert in den 1960er Jahren, aber auch schon 1934 von Friedl Wurzel als Kugelform beschrieben: Die Seitenansicht einer Abfahrtshaltung bei der die Oberschenkel in der Horizontale sind, der Oberkörper auf den Schenkeln aufliegt und die Arme und Fäuste vorgestreckt sind, gleicht einem Ei. Das Gesicht wird von den Fäusten abgedeckt. Eingeschränkte Feder- und Ausgleichsbewegungen der Beine.

Die Position Monoposto
Wie bei der Konstruktion von Rennautos, bei der der Wagenkörper zwischen den Rädern hängt, quetscht sich der Oberkörper zwischen die Knie. Bester aerodynamischer Effekt. Die Feder- und Ausgleichsbewegungen der Beine sind weitgehend blockiert. Sehr anstrengend und für das Kurvenfahren kaum geeignet.

Die emotionalen Impressionen

Wie Bewegungen aus Gefühlen kommen und wie Gefühle Bewegungen gestalten
Nochmals Motions by Emotions – Emotions by Motions

Ein schönes Wortspiel also, das in Englisch gut funktioniert. Aber es erschließt sich auch einem deutschsprechenden Skifahrer sofort. Übersetzt wirkt es umständlich: Bewegungen lösen Gefühle aus – Gefühle steuern Bewegungen. Bleiben wir also in diesem Falle besser beim englischen Bonmot.

Also zunächst Emotions by Motions. Erzeugen Bewegungen Gefühle, typische Gefühle? Wir kennen den Bewegungsrausch, die sagenhaften Tiefschneegefühle, das Ansteigen unseres Gefühlspegels im Frühjahrsfirn. Wir sehen auch bei anderen Skifahrern, was harmonische und elegante Bewegungen sind und werden davon emotional berührt. Wenn uns selbst etwas Besonderes in dieser Richtung gelingt, meinen wir auch von uns selbst, dass wir dieses Mal rhythmisch, gekonnt, elegant, dynamisch, kraftvoll oder harmonisch gefahren sind. Also müsste es stimmen, dass unsere Bewegungen uns in eine bestimmte Gefühlslage heben.

Aber ich möchte noch einen Schritt weiter gehen. Ich meine, ja ich bin überzeugt davon, dass ganz bestimmte Bewegungen mit ebenso bestimmten Gefühlen verbunden sind. Beispiel Wedeln und langgezogener Schwung. Beide Techniken erzeugen in mir ein bestimmtes Gefühl und sind für immer damit verbunden, sind aber jeweils anders. Oder: Eine Kurvenlage mit 60 bis 70 Grad Neigung lässt in mir ein ganz bestimmtes Kurvengefühl aufwallen. Dieses ist bestimmt vom hohen Stauchdruck einer solchen Kurve. Von der Nähe zum Schnee, wie der Körper über den Hang hinwegfegt. Vom Gefühl unter mir, wie die Kante in den Schnee einen Bogen hineinfräst. Kurzum: Ich meine, es gibt bestimmte Bewegungsgefühle, die eine ganz eigene Identität haben. Und sind es nicht auch genau diese Gefühle, denen wir Skifahrer hinterherjagen? Schauen Sie die folgenden Skibilder unter diesem Gesichtspunkt an und versuchen Sie, sich gefühlsmäßig in die Fahrer und in die Situationen hinein zu versetzen und sich so als Skifahrer wiederzuerkennen.

Bleibt uns noch zu verstehen, was die kanadischen Skilehrer unter Motions by Emotions verstehen. Können Gefühle einigermaßen deutlich Bewegungen steuern? Selbst aus dem Alltag wissen wir, dass uns vieles besser gelingt, wenn wir „gut drauf" sind. Und wir haben Skitage, da geht alles leichter, da gelingt uns einfach mehr. Warum? Weil wir in guter Stimmung waren.

Erfahrene Skilehrer wissen um ihr Erfolgsgeheimnis, wenn sie vor und für das Lernen die Schüler motivieren, in gute Stimmung versetzen. Manche gehen noch einen Schritt weiter und lehren ihre Schüler, sich selbst emotionell zu provozieren. Sie stellen beispielsweise Aufgaben wie: Wir fahren jetzt wie ein Wiesel und huschen mit kurzen Schwüngen über den Hang. Oder: Wir sind ein Adler, breiten die Arme und stürzen uns in die Tiefe. Ergebnis: Vielen Schülern gelingen so Dinge, von denen sie bisher nur träumten. Die Autosuggestion und Selbstprovokation ist eine probate Strategie. Vielleicht nutzen Sie die folgenden Bilder dazu:

Motions by Emotions – Emotions by Motions

Ein Einblick in die Geheimnisse des Skifahrens.

Jede Technik hat ihren Charakter – Beispiele:

- Alles Schwunghafte geht leicht – Schwingen als geniales Bewegungsarrangement
- Schwingen – Rhythmus, Wiederholung, Leichtigkeit
- Expressives Kurvenfahren – Bewegungen von außen und von innen her gestalten
- Der Stauchdruck in der Kurve – Schwünge wie Dopamin-Explosionen
- Es führt zu Empfindungen des Schwebens – das Spiel mit dem Gleichgewicht
- Die hohe Kurvengeschwindigkeit – Kurvengefühle wie nie zuvor
- Looping – ein Schwung kopfüber. Die schärfste Kurve und das schärfste Carvinggefühl
- Man spürt, dass man Kraft hat und dass man hohen Kräften widerstehen kann
- Flow, nichts als Flow – Entrückt- und doch Bei-sich-sein

Ein Überblick über aktuelle Empfindungen und Gefühle

Die Gefühle um das Skifahren bilden eine eigene Welt. Um das Skifahren schlechthin aber ging es in den vorgestellten Beispielen nicht. Diese bezogen sich nur auf die Technik des Fahrens, auf die Fahrkunst. Aber allein dieser Ausschnitt aus der Gefühlswelt für Skifahrer ist umfangreich und bildet ein Geflecht sehr verschiedener Eindrücke, Empfindungen und emotional geprägter Wahrnehmungen. Ich versuche für diese Sammlung an Gefühlseindrücken – nochmals allein der skitechnischen Gefühlsbekundungen – Strukturen und eine Übersicht zu gewinnen.

Allgemeine Vorausgefühle

Schon vor dem ersten Schwung befindet sich der Skifahrer in Stimmung.

- Bewusste Gestimmtheit – motiviert
- Gute Tagesform – selbstsicher, vorsichtig eingestellt
- Befreite Präsenz – ganz bei der Sache, weg vom Alltag
- Motiviert beflügelt – erwartungsvoll, neugierig, aufnahmebereit
- Mit Erwartungsspannung (Karl Mülly) – Entscheidungs- und Aktionsdruck

„Wer Ski läuft, sieht voraus, dass er überrascht werden wird. Er weiß aber nicht wann. Er brennt danach, sich zu wehren, aber er weiß nicht, in welchem Umfang er seine Kräfte einsetzen muss. Dieses Überraschungsmoment löst für Anfänger und Läufer unbewusste seelische Spannungen und Erregungen aus."

Anstrengungslust – Augiasmus

Der Künstler und Philosoph Bazon Brock bezeichnet damit die Lust an der Arbeitsanstrengung. Eine süchtig machende Lust. Manche Steilhangabfahrt, manche Tiefschneeabfahrt, manche Wedelserie, lange durchzustehende Abfahrten, die Choreographieform „Tornado" sind auch so zu sehen.

Das sensorisch-kinästhetische Bewegungsgefühl

Die Ausprägung besondere Wahrnehmungen allein über die Sensorik der Gelenke, meist unterstützt von taktilen Eindrücken, umfasst eine Reihe skitypischer Gefühle, nämlich:

- der Schneequalität
- des Ski-Handlings
- von Skiflex und Skirebound
- des Kantengriffes
- von Rutschen und Schneiden
- von Druck und Entlastung

Visuelle und akustische Bewegungsgefühle

Wenig davon wird bewusst, was aber nicht heißt, dass diese Gefühle nicht die Fahrtechnik mit steuern.

- Es geht immer der Tiefe zu. Ernest Hemingway meint „und wir fielen und fielen".
- Das Tempo wird bewusst an den vorbeihuschenden Begrenzungen und an den Änderungen der Boden- und Schneestrukturen.
- Manche Schneearten können an den Geräuschen, zu denen es kommt, identifiziert werden.

Vestibuläre Bewegungsgefühle

Die Gleichgewichtsgefühle werden sehr bewusst. Bedrohlich bei den Anfängern, immer ausdifferenzierter bei wachsendem Können. Insgesamt sind sie es, die das Raumgefühl vermitteln, nämlich:

- Schweben
- Kippen
- Liegen
- Beschleunigt-Werden

- Voraus-Sein und Kippen
- Vor-, Mittel- und Rücklage
- Im Gleichgewicht-Sein
- Mit einer Gleichgewichtsschuld umgehen

Taktilie Bewegungsgefühle
- Winddruck im Gesicht
- Druck in der Innenhand (Stockgriff)
- Druck an diversen Stellen der Füße und Unterschenkel
- Druck auf diverse Körperteile durch Kleidung (Fahrtwind, Bewegung)

Die typischen identischen Bewegungsgefühle
In der eingangs erwähnten Studie mit Skilehrern konnte ich 1987 unterscheiden:
- instrumentale Bewegungsgefühle z. B. als Rebound aus Ski oder Schuh
- figurale Bewegungsgefühle z. B. durch die Bewegungsgestaltung, durch eine Position
- situative Bewegungsgefühle z. B. im Steilhang
- szenische Bewegungsgefühle z. B. nach einer gelungenen Abfahrt oder nach einem schönen Tag
- energetische Bewegungsgefühle z. B. als Feedback von Kraft und Dynamik

Situative Gefühle
Damit sind die Wahrnehmungen der äußeren Situation angesprochen.
- Steilhang
- Schneeteppich
- Schneeübergänge
- Wellenbahn
- Half-Pipe-Kurve

Technikspezifische Gefühle
Jede komplexe Bewegung hat auch einen bestimmten Hintergrund oder eine bestimmte Struktur von Gefühlen. Diese sind die originären Bewegungsgefühle. Dazu einige Beispiele, nur eine Auswahl.

Beispiel Schlittschuhschritt
- explosive Streckung
- Beschleunigung
- Raumzugriff

Beispiel Wedeln klassisch
- weicher Rhythmus
- driftende Bahn
- tanzender Körper

Beispiel Wedeln carvend
- getakteter Rhythmus
- Schneeschnitte
- Beschleunigung

Ich-Gefühle
Wohl die zentralsten Gefühle liegen in der Ich-Befindlichkeit, nämlich:
- Ich-Bewusstheit
- Gesteigertes Ich
- Selbstsicherheit
- Wir-Verbundenheit
- Flow-Verlorenheit
- Ozeanische Gefühle

Beispiele für einige besondere Bewegungsgefühle

Folgende Themen und Beispiele sind meinen Büchern, den Skimanuals, den Frühstücks- und Unterrichtskarten und der Sammlung von Flugblättern entnommen.

- **Die Kompression in der Kurve**

Die alte Situation: Die traditionellen Skitechniken gefahren mit traditionellem Ski kannten in den Kurven nur moderate vertikale Druck- und Stauchbelastungen.

Überschritten nämlich die Kräfte ein gewisses Maß, so wichen die Ski aus, d.h. sie begannen zu driften und zu rutschen. Es gehörte zu den großen Künsten des Rennfahrers, den Ski in der Kurve möglichst zu halten.

Die neue Situation: Carvingski und Carvingtechnik erlauben einen hohen bis sehr hohen Druckaufbau. Man fühlt die Kompression ähnlich wie den Druck beim Gewichtheben und beim Rudern mit Rollsitz. Primär ist es ein Stauchdruck, der von den Ski und Fußsohlen ausgeht, der Druck kann aber im letzten Schwungdrittel auch zu einem aktiven Streckdruck werden, wenn der Fahrer nachsetzt.

> Wer noch nie mit den großen Kurvendrücken gekämpft hat, wer noch nie Lust hatte, von Schwung zu Schwung den Kraftaustausch zu forcieren, ist auch noch nicht zum inneren Kern des Carvens vorgestoßen.

Vorlage – ein scharfes Skigefühl

Mit Vorlage fahren, das hat etwas nach vorne Drängendes an sich. Auch als ob man immer neu zum Spurt ansetzen wollte. Wie ein Sprinter auf den ersten Metern. Auch von den Reitern kennen wir ähnliche Bilder. Oder auch an Schlittschuhläufer kann man denken. Vor allem an die Short Tracks. Man wirft sich als Skifahrer in die Bahn. Vor allem bei kürzeren Schwüngen stürzt man sich förmlich den Hang hinab. Aktiv. Offensiv. Ein bisschen spielt das Souveränitätsgefühl herein. Man ist der, der dem ganzen Geschehen den Stempel aufdrückt. So entwickelt sich hier ein ganz eigenes Bewegungsgefühl. Ein Gefühl, das eine eigene Identität hat. Eben das Vorlagegefühl.

Schwünge wie Dopamin-Explosionen

Schwünge mit hohem Kräfteaustausch in der Kurve sind der immer wiederkehrende Testfall für den Fahrer wie für den Ski. Wer leistet was? Kann ich das Limit noch hinausschieben? Kann ich den Ski noch beherrschen? Macht das mein Ski noch mit? Eine ständige Herausforderung, ein Schlagabtausch mit den Kräften und ein Ausreizen der Situation – bis zur Ermüdung. Schwünge wie Dopamin-Explosionen. Danach wieder Ausgleiten, bequemes Hin-und-her-Kippen, lässiges Sich-gehen-lassen. Bis auf ein Neues!

Schwung und Schwingen

Schwingen gibt ein Gefühl des Glücks, der Freiheit. Schwingen auf einer Woge, das leichteste. Den Hang genießen ergibt ein inneres Gefühl, eine Freiheit.

Du legst dich in die Kurve und die Welt kippt, hängst schief vor deinen Augen. Du schwebst.

Der Kick der Kurvenlage

Wir fegen mit dem Körper den Hang entlang und bewegen uns auf eine neue Art in den Raum hinein. Die Snowboarder haben den Kick der extremen Kurvenlage entdeckt, und seit es stark taillierte Ski gibt, eifern ihnen die Carver nach. Nicht nur in der Vorwärtsbewegung, sondern auch in seitlichen Körperbewegungen loten wir die physikalischen Möglichkeiten aus, wie wir uns in den Raum, in das Gelände hinein bewegen können. Wenn wir dabei in der Kurve hängen, mit dem Körper den Hang entlang fegen und mit den Händen weitab vom Ski in den Schnee greifen, so löst das starke Gefühle aus, die uns ein neues Raumerlebnis bescheren.

Der Kick der Kurvenlage lässt uns in den Raum hineinwachsen.

Die großen Gefühle der Kurve kommen aus:
- den Beschleunigungsmöglichkeiten (Anschneiden, Kippen und Splitten, Finaljet)
- der hohen Kompression als Teil des synergetischen Kräfteaustausches.

Die großen Gefühle des konsequenten Carvers kommen aus:
- dem reinen Kurvengleiten
- dem Kippen und Schweben durch den Raum
- der exzessiven Kurvenlage
- den synergetischen Effekten von Ski und Fahrer
- dem „Zug" des Ski als (seiner) spezifischen Eigenschaft.

Beispiel Unterrichtskarten Bewegungsgefühle

Für meine Schüler halte ich Unterrichtskarten in einem kleinen Format zu zwölf Themen bereit. Sie können sie bei ihrem freien Fahren benutzen. Manchmal setze ich sie auch mit einem bestimmten thematischen Aufruf für den sog. Beratungsservice, einer Unterrichtseinheit von ca. 20 Minuten, ein. Das Thema Bewegungsgefühle ist dabei mit 14 Karten vertreten. Daraus Beispiele:

MIT GESCHMEIDIGER KRAFT UND ELASTIZITÄT

Differenzieren Sie Ihr Druckempfinden aus. Lassen Sie sich zusammen-stauchen und stemmen Sie sich gegen die Kräfte. Fühlen Sie Ihre Kraft und Ihre Elastizität. Carven macht die Physik erlebbar.

- Geben Sie dem ersten großen Druck elastisch nach.
- Stemmen Sie die Kante in den Schnee.
- Strecken Sie sich nach diesem Abfangen sofort wieder.
- Steigern Sie den Streckdruck bis zum Schwungende.

Kraft verpackt in Eleganz wirkt leicht.

IHRE KÜHNEN RAUMGEFÜHLE

Verfolgen Sie den gewaltigen Weg, wenn Sie von einer Kurvenlage in die andere kippen. Beobachten Sie:

- Ihr Körper zieht eine Spur durch den Raum.
- Oben und Unten werden Maßstäbe Ihres Raumbewußtseins.
- Manchmal ist es wie ein Stürzen, manchmal wie ein Schweben hinaus in den Raum.
- Es ist wie ein Auftauchen und wie ein Eintauchen.

Carven und Snowboardfahren sind sich vor allem in der Kurvenlage und den Raumgefühlen ähnlich.

STREICHELN SIE DEN SCHNEE!

Erst die Carver gehen auf Kontakt mit Hang und Schnee. Die Berührung wird zum Zeichen Ihres Könnens.

- Steigern Sie Ihre Kurvenlage immer weiter.
- Greifen Sie möglichst weit ab vom Ski in den Schnee.
- Lassen Sie die Hand streichelnd über den Schnee gleiten.
- Beobachten Sie, wie Ihre Schulter und Ihre Hüfte dem Schnee nahekommen.

Eine große Komposition: Ihre Ski + Ihr Können + der Schnee + der Hang + die Kurve.

CARVEN WIE SNOWBOARDER

Eine bessere Abstützung durch die Ski und eine höhere Kurvengeschwindigkeit lassen uns in den Raum hineintauchen und weit in der Kurve liegen.

- Ahmen Sie die Snowboarder nach.
- Tauchen und hechten Sie in die Schwünge hinein.
- Arbeiten Sie sich in die Kurve hinein (baggern) und strecken Sie sich dem Berg entgegen.

Erlebnisse und Bewegungsgefühle lassen sich aufsuchen und provozieren. Kurven bieten den absoluten Kick auf Ski.

IHRE FRECHEN UND KÜHNEN KURVEN

Wir können so vehement in die Kurve stürzen, dass wir vorübergehend das Gleichgewicht aufgeben. Mit dem Körper schneiden wir dabei so stark die Kurve ab, dass Ski- und Körperbahn sich weit auseinander splitten.

- Kippen Sie früh und sehr entschieden.
- Oder stechen Sie gleich wie die Snowboarder mit den Armen und mit dem ganzen Körper ins Schwungzentrum hinein.

Skifahrer müssen sich manchmal frech und kühn fühlen. Aber lieber in den Kurven als im Schuss.

FLOW NICHTS ALS FLOW – GEGENWÄRTIG-SEIN

Flow ist ein Gegenwärtig- und vom Geschehen Gefangen-Sein. Ganz bei der Sache sein. Fahren Sie:
- eine Serie von Schwüngen im vollen Gleichmaß
- eine Serie von Schwüngen hart am Limit des Möglichen
- eine Wedelserie
- einen 360er.

Bleiben Sie danach jedes Mal stehen. Schauen Sie zurück. Versetzen Sie sich zurück. Wundern Sie sich über Ihr Entrückt-Sein und Berauscht-Sein.

AUFGEHEN IM SCHWINGEN

Schwingen ist das Zusammenklingen von äußeren und inneren Kräften. Schwingen ist Harmonie von Bewegen und Bewegt-Werden. Schwingen ist Rhythmus und Wiederholung.
- Suchen Sie das vollkommene Gleichmaß.
- Lassen Sie das Tempo der Schwungfolge auf- und abklingen.
- Streben Sie von kleinen zu großen Schwüngen und umgekehrt.
- Wedeln Sie. Stimmen Sie die Frequenz auf Hangneigung und Schnee ab.
- Genießen Sie das Schwingen in Zeit und Raum.

Damit sind wir nahe am Kern des Skifahrens.

SIE SOLLTEN AUF SICH STOLZ SEIN

Das Skifahren verwandelt uns immer wieder. Wir lernen schnell, wir bewältigen große Schwierigkeiten, wir wachsen über uns hinaus.
- Staunen Sie, welche Abfahrten, welchen Schnee Sie bereits bewältigen.
- Finden Sie sich (nicht) reaktionsschnell, mutig, frech, kühn
- Sie fahren schön und bringen Ihr Können gut zum Ausdruck.
- Sie fahren kontrolliert ein gutes Tempo.
- Sie beherrschen ein großes Repertoire von Fahrkünsten.

Wir sollten es uns selbst zugeben, dass wir stolz auf uns sein können.

Beispiele spontaner Kurzberichte

Das haben Kollegen und Schüler mir ins Mikrophon gesprochen. Auf der Piste. Unmittelbar nach dem Abschwingen. Vielleicht ermuntern uns diese Aussagen, selbst nach dem Abschwingen in uns hineinzuhorchen und für das Erlebte Worte suchen.

Gefühl des Schwebens

„Schönes, rundes, weites Schwingen. Relativ schnell gefahren. Ich merke, wie der Ski gleitet. Ein bisschen in der Kurve anspannen, und dann zwischen den Schwüngen Entspannung. Gar nichts machen, sich treiben lassen. Man merkt, wie die Kräfte alles regulieren. Der Atemrhythmus macht mit. Und dann wieder dieses Gefühl des Schwebens."

Das Spiel mit der Geschwindigkeit

„Was mich an der Abfahrt reizt? Das Spiel mit der Geschwindigkeit, das variierte Fahren, die kleinen Sprünge – Schwerelosigkeit. Und man muss es ein bisschen schießen lassen. Wenn ich dabei das Gefühl habe, es kann nichts passieren, dann fühle ich mich unheimlich stark und sicher."

„Unheimlich schönes Gefühl"

„Einen Tobel fahren ist der totale Genuss. Du gleitest in den Muldengrund hinein, wirst voll komprimiert. Du legst dich hinein in die Kurve, du kannst dich gegen den Hang legen, du liegst ganz weit drinnen und wirst trotzdem noch mit Druck in den Schnee gepresst. Ein unheimlich schönes Gefühl. Dann wirst du herauskatapultiert und kannst die Schwünge am Grat springen."

Kraftschluss mit dem Ski

„Sich vom Hang lösen, mit voller Kraft und einer Einheit zwischen Körper und Ski durch den dicksten Müll fahren und beim Strecken einfach den geballten Schnee wegschieben."

Eleganz

„Helmut fährt immer sehr kontrolliert, mehr flüssig; er gleitet. Es sind keine Haken und keine Ecken darin. Er schmiegt sich an die Buckel und es sieht genauso aus, als wenn ein Wiesel über Steine rennt. Sehr ökonomisch, sehr elegant, ohne eine überflüssige Bewegung. Es ist ein Genuss, ihm zuzuschauen."

Befreiung
„Wenn der Punkt kommt, an dem alles stimmt, verfliegen dem Kopf alle Sorgen und Ängste. Man fühlt sich als Mittelpunkt der Erde."

Elastizität
„Wenn ich Kurven fahre und es gelingt gut, dann meine ich, das ist direkt ein technisches Gefühl. Wenn ich auf der Kante fahre und sie richtig spüre, die Bewegungen sind dann in solchen Schwüngen enorm weich. Dann ein Aufrichten, ein ganz weiches Aufrichten, ein ganz weiches Zusammensinken, und das durchaus mit viel Druck im ganzen Körper."

Präzision
„Er fährt korrekt. Ein Mann ohne Fehler. Manchmal hofft man, dass er doch irgendwo aus der Reihe tanzt. Aber er fährt wie eine Präzisionsmaschine. Er fährt wie ein lebender Lehrplan. Der ist so gut, dass man ihn nicht mehr beneidet."

Voller Dynamik
„Toller Schnee und tolle Piste. Und eine aggressive Einstellung: lange Schwünge – viel Tempo."

Traumwandlerische Sicherheit – Konstanz
„Und er setzt Schwung für Schwung. Einen wie den anderen. Mit traumwandlerischer Sicherheit. Die nächsten zwanzig sind vorauszusehen. Bis zum Ende des Hanges."

Tanz
„Schwingen mit Belastungsdrehen. Tanz auf Ski. Eine unwahrscheinlich harmonische Bewegung. Ein Zweitakter auf Ski."

Die Selbstbetroffenheit als Impression

Tiefenschichten der Emotionen und ästhetischen Empfindungen

Den aktuellen wie den sich wiederholenden typologischen Gefühlen gehen Erlebnisse, Prägungen und Erwartungen voraus. Manches ereignet sich unerwartet. Nicht wenige Emotionen lassen sich provozieren und unterrichtlich planen.

A. Vorliegende Einflussebenen
- Skifahren als Lifestyle und Lebenslinie – das begleitende und tragende Selbstbild, Tiefenschicht erinnern, Verfasst-Sein, sportives Lebensgefühl
- Die Suche nach Erleben, Vergnügen und Rausch
  als Streben nach Gelingen, Erfolg, Hochgefühlen, Flow
- Die psycho-physische Ebene als immanenter Mitspieler
  Tagesform, Präsenz, Spannkraft, Unternehmungslust, Gesundheitszustand

B. Geschenkte und erwartete Ereignisse
Die geschenkten Glücksstunden und ihre weiterwirkende Kraft
- Snow-Timing (Arturo Hotz),
- Ski-Resonanz (Walter Kuchler) und
- Ski-Morphose (Walter Kuchler)
- Erwartung und Wagnis des Überraschenden (Karl Mülly – Arturo Hotz),
  einer der großen Spannungsbögen beim Skifahren

C. Mögliche Zugänge und Zugriffe
- Die Figuration als Arbeit am Körperschema – der „Skikörper" im ständigen Bodyshaping
- Abfahrtshaltungen, spez. C-Position, aerodynamische Positionen, Körperlagen
- Die Mobilisation und Einbindung von Reflexen
  Mögliche Reflexe zur Stabilisierung und Optimierung der Technik wie Körperstellreflex, Pronation und Supinationen, gekreuzter Beuge-Streck-Reflex, Zungensteuerung

- Die Arbeit mit Flexen und Rebounds
  Körperflexe und Körperrebounds aus: Fußsohle, Fußgewölbe, Sprung-, Knie- und Hüftgelenk, Wirbelsäule, Becken. Flexe und Rebounds aus und mit Ski und Schuh
- Synergetische Allianzen mit der Autokinetik des Ski und der Autodynamik des Schuh (Walter Kuchler)
  Beugen, Strecken, Kippen, Druck-, Schritt- und Lagenwechsel im allg. Zusammenspiel und bei besonderen Fahrtechniken wie Fishhook, Carvewedeln, Rebounder, Pedalo, Stepcarver
- Ausbruch aus unbewussten fahrerischen Gewohnheiten (in Anlehnung an Bryant J. Cratty)
  Häufiger Schwungradius, gewohntes Tempo, bevorzugte Techniken, ausgesuchter Schnee, meist genutztes Gelände
- Motions by Emotions – Emotions by motions (Program kanadischer Skilehrer)
  Technikspezifische Bewegungsgefühle als technikbegleitende und der Technik innewohnende typische Gefühle (Walter Kuchler 1987)
- Mit Imaginationen – Leitbilder für das Fahren
  Vorbild Lehrer und Rennfahrer, Bilder aus Technik, von Sportdisziplinen und der Tierwelt
- Die Bewegungsqualitäten als sublime Ideale
  Streben nach Perfektion, Dynamik, Kraft, Harmonie, Rhythmik, Eleganz
- Die Bewegungsgestaltung als prägende Kraft
  Die Suche nach ästhetischer Expression bringt die Skipersönlichkeit ins Spiel und arbeitet prägende Elemente der Technik heraus.

Intentionen und Motive

Alfred Grüneklee 2005 zu Motiven:
Der Skifahrer möchte
- schnell / langsam fahren
- mit Freunden / alleine fahren
- fahren wie ein Rennläufer / wie ein Skilehrer / wie ein Snowboarder
- ästhetisch / sportlich fahren
- sich einfach treiben lassen
- etwas Neues lernen
- etwas riskieren / Grenzen erfahren
- etwas ausprobieren / mit dem Gelände spielen
- etwas erkunden
- vielleicht auch einmal etwas erfinden
- nur genießen
- ganz bewusst den Wind auf der Haut spüren, den Schnee hören
- jede Kurve erleben und genießen
- ganz bewusst schonend / ganz bewusst sicher fahren

„Skifahren – So wie ich es mag!" In: „Skifahren und Snowboarden heute". SPORTS Schriftenreihe zum Wintersport 19. Hrsg. von Alfred Grüneklee und Herbert Heckers. Düsseldorf 2005, Seite 96 – 107

Skifahren mit Herz – Carvingphilosophie – ein Flugblatt SPORTS

Carvingschwünge hinterlassen spezielle, scharfe Spuren und erzeugen neuartige, starke Gefühle. Wir wissen heute, dass die Gefühle, die beim Carven lebendig werden, die Fahrer verzaubern und süchtig machen. Diese neue Gefühlswelt des Carvens hat die Welt des Skifahrens verändert und nochmals neu beginnen lassen.

Carving macht schon den Ski zum Erlebnis. Der Carverski schneidet an, führt, gleitet, hält Stand und schießt aus einer Kurve in die andere. Er stützt und er fordert den Fahrer. Er hat einen starken Charakter, aber er lässt die Wahl spielerisch zu fahren oder sich zu einer persönlichen Höchstleistung zu steigern.

Das leichte Handling der taillierten Ski und ihre ausgeprägte Autokinetik fordern zu immer neuen, wechselnden Schwunggestaltungen heraus und verlangen Einsatz und kreatives Handeln.

Das Gleiten, das Urgefühl des Skifahrens, ist nicht mehr auf das Schussfahren beschränkt. Es prägt Kurve für Kurve das Schwingen und ist immer präsent.

Das Kippen in den Schwung hinein wird zu einem Akt der Kühnheit. Mit dieser verbinden sich bei jedem neuen Schwung Erfahrung, Kalkül und Experimentierlust. Starke Kurvenlagen – einst verdächtige Fehlerquellen – möchten ausgereizt werden und versetzen unsere Gleichgewichtsempfindungen in höchsten Erregungszustand.

Der anwachsende und nachlassende Kurvendruck wird zu einem Spiel, in dem man Schwung um Schwung die eigene Kraft gegen die Fliehkräfte der Kurve setzt und sich die Erfolgserlebnisse des souveränen Handelns schafft.

Tempo wird als Kurvengeschwindigkeit erlebt und bekommt eine aktive Akzentuierung. Es wird unabhängig von km/h und misst sich allein an den Prozessen des Schwunges. Schon im unteren Tempobereich können so Kurven atemberaubend sein.

Die durcheilten Bewegungsräume von oben nach unten, von einer Seite auf die andere, von innen nach außen wecken Gefühle des Stürzens und Schwebens, des höchst aktiven Handelns und des passiven Geschehenlassens. Man liefert sich den Räumen aus und man gestaltet die Räume.

Kurven werden beim Carven zu erlebbarer Physik und aufgewühlter Vitalität. Biomechanisches Geschehen wird in seinen mechanischen und biologischen Komponenten bewusst und wird lustvoll vollzogen.

„Jeder malt sich selbst in den Schnee." Ein Satz, der für Carver nicht besser formuliert sein könnte. Das Selbstbild als Skifahrer misst sich heute nicht mehr so sehr am Gelingen und an der Perfektion von Bewegungstechniken, sondern orientiert sich an der Gestaltungskraft für Gleitprozesse, Kurvenverläufe und Raumbeherrschung.

Carving verwirklicht fast durchwegs die emotionalen Hochziele sportlicher Anstrengungen und Ambitionen. Es gebärdet sich gerne exzessiv. Es drängt nach Expression. Und es erreicht schnell und häufig ein ekstatisches Niveau.

Von der Leidenschaft und dem Glück der Skifahrer – ein Flugblatt von SPORTS

Versuche, die inneren Dimensionen des Skifahrers und des Skifahrens zu begreifen
Nichtskifahrern ist die Leidenschaft der Skifahrer und ihr Glück beim Skifahren schlecht erklärbar. Auch den Skifahrern selbst fehlt es meist an Worten, ihr Tun und ihr Be- und Verrücktsein zu erklären. Was nicht immer greifbar und bewusst ist, ist aber dennoch lebendig und wirksam. Gelegentlich sollte man auch darüber nachdenken und sprechen.

Eine Welt des Schnees und der Faszination des Gleitens ist gewonnen
Skilaufen heißt immer, aus dem Alltag aussteigen und eintauchen in eine völlig andere Welt, mit der man vertraut wird und in der man sich kompetent bewegt. Der Winter wird zu einer geschätzten Jahreszeit und das Fahren von oben nach unten eine Leidenschaft.

Ein Tun, das immer das Abenteuer berührt
Die Dimensionen des Könnens, des Wagens, des kühnen Planens, der spontanen Entscheidungen, der Auseinandersetzung mit dem Gleiten in höheren Geschwindigkeiten, dem Trotzen gegen Kälte, Schnee und Sturm lassen uns weit über unser Alltagsleben hinauswachsen.

Ein Sport, durchwirkt von Rhythmen, die zu diesem Leben gehören
Ein unermüdliches Hin und Her im Schwingen, ein ewiges Hinab und Hinauf auf den Hängen, Tage durchzogen von Spannungsbögen der Erwartung und Erfüllung, Monate ohne Schnee, aber voller Erinnerungen, Unruhe nach ersten frostigen Tagen – all dies wird zu Rhythmen eines Skifahrerlebens.

Aktivitäten ausgelegt auf Versuch, auf Experiment und auf Spiel
Skifahren fordert ständig dazu auf: Der Skifahrer spielt mit sich, mit dem Ski, mit dem Schnee. Jeder neue Hang, jeder andere Schnee, jedes andere Wetter, jede neue Abfahrt werden zu einem herausfordernden Versuch. Dazu die ewigen Experimente mit den Fahrtechniken. Skifahrer sind Explorer.

„Citius – altius – fortius", das olympische Prinzip des Strebens, gilt Schwung für Schwung
Skifahrer streben oft nach Vollkommenheit, jagen Idealbildern nach. Der ewige Drang, sich eine zusätzliche Technik anzueignen, möglichst viele Situationen zu beherrschen, sich zu steigern, sich zu verbessern, perfekt zu werden ist im Kern der Sportart angelegt. Ein Skifahrer lernt nie aus und gibt nie auf. Skifahrer sind Leistungssportler ganz eigener Art.

Geprägt von der Kooperation und der Synergie von Fahrer und Ski
Ski und Fahrer fordern sich und ergänzen sich. Die neuen Chips im Ski, die Fahrweise und Autokinetik und Beanspruchung des Ski aufeinander abstimmen, verdeutlichen dies. Glücksstunden sind es, wenn es zwischen Fahrer, Ski und Situation zu vollkommenen Resonanzen kommt. Jede Fahrt ist ein Ergebnis von Synergien zwischen Fahrer und Ski. Diese Kooperation steckt für den Fahrer voller Emotionen, macht auch einen guten Teil seines Könnens aus.

Ein Sport, der sich auch als Kalligraphie im Schnee präsentiert

Spuren im Schnee, die unsere Ski und unser Fahrkönnen hinterlassen, sind häufig wie Übungen im Schönschreiben, kleine Kunstwerke einer speziellen Schreibkunst. Sie sind häufig schnell vergänglich, aber doch auch Grafiken, die sich in unser Gedächtnis einritzen. Man kann noch im Sommer davon träumen. Als Erinnerung prägen sie weiter unser Streben und Können.

Tiefen Flow und vollkommene Präsenz schenkt dieser Sport

Versinken in Räumen, in Rhythmen, in Bewegungen und im Bewegtsein. Voller Aufmerksamkeit nur noch da und präsent sein, Aufgehen in einem schönen Tun – das erfährt die Skifahrer auf jeder Könnensstufe. Skifahrer sind immer ganz und gar bei ihrem Tun und sie tauchen immer wieder in die Vergessenheit von Flow ein.

Bewegungsgefühle ganz eigener Art werden geweckt und kultiviert

Reines Gleiten, kühne Kurvenlagen, hoher Stauchdruck, Kippen und Schweben, Sich Messen mit den Kräften der Gravitation und der Kurve, Spiele von Verlieren und Wiederfinden des Gleichgewichts, Befriedigung aus dem Durchstehen und Durchhalten, Bewältigen und Genießen schwieriger Situationen, geglücktes Arrangieren der Doppelaufgabe von Bewegt-Werden und Sich-Bewegen, Geschwindigkeiten steigern und bewältigen und zähmen.

Alle Ich-Befindlichkeiten werden durchschritten

Punktuelle und zentrierte Bewegungs- und Körperwahrnehmungen führen zu einer gesteigerten Selbstwahrnehmung. Es gilt im besonderen Maße: „Bewusstheit durch Bewegung". Das Ich-Bewusstsein steigert sich in Hochgefühle bis zum Bewegungsrausch und verliert sich in Selbstvergessenheit in ozeanische Gefühle. Dies alles meist begleitet von einem kommunikativen Sich-Tummeln in einem Bewegungstheater mit Freunden wie mit Fremden, in der jeder Darsteller und Zuschauer zugleich ist. Skifahrer erleben ein besonderes Wir und kommunizieren ihre Gefühle und Stimmungen über die Bewegung.

Glück wird erlebt, Glückserleben wird erlernt, Glück wird trainiert

Skifahrer erleben sehr glückliche Minuten und Stunden. Getragen von den Eindrücken der Winterlandschaft, der Bewegungserlebnisse und der Begegnungen. Glück speichert sich in Erinnerungen, wirkt weiter, kann weitergetragen werden. Glück lässt sich so auch erlernen und Glücklichsein lässt sich so auch als Fähigkeit trainieren.

Das Glück liegt in der Kurve – ein Flugblatt

Zehn spezielle Gefühle des Carvens – ein Flugblatt von SPORTS

Skifahren war schon immer schön. Carven nun hebt das Skifahren auf eine neue Ebene emotionalen Erlebens: Carven ist das gesteigerte Zusammenspiel von Mensch und Ski, von Mensch und Schnee, von Mensch Gelände und Raum.

- Das Kurvengleiten – noch schöner als Gleiten im Schuss
- Gleiten vom Anschnitt bis zum Ende
- Die starke Kurvenlage – eine permanente Herausforderung
- Kurvenlagen zwischen 30 und 80 Grad
- Die extremen und exzessiven Bewegungen und Positionen – die Übersteigerung der Alltagsmotorik
- Beispiele: Handcarven, Bodycarven, Pedalo-/Kosakenstellung
- Der wachsende Stauchdruck in der Kurve. Belastung kann schön sein
- Herausforderung von Kurve zu Kurve
- Der Ski „auf Zug" – der Fahrer im vorwärts drängenden Gleiten
- Gleitgefühl, das über das bloße Dahingleiten hinausgeht
- Die Beschleunigungen von Ski und Körper – raffinierte Überlistungen motorischer Muster – Abschneiden, Überkippen und Unterfahren, krummlinig über die Falllinie, Bahnensplitting von Ski und Körper, der spezifische Kurvenzug, der Finaljet
- Flex und Rebound – mit dem Ski agieren, synergetische Leistungen
- Hohe Schule, aber vielen Fahrern leicht zugänglich
- Sohlenaktivitäten – Feinmotorik nach klassischer Art dank Carvingski
- Hohe Schule von Pronation und Supinationen, von Bewegungen längs der Fußsohlenkanten, von Fersen und von Zehenaktivitäten
- Die neuen Schwünge – Kreationen der Bewegungskunst
- Beispiele: der Wellencarver, der Taucher (Schlangenschwung), der 360-er, das Carvwedeln, der Stepcarver, der Pedalo, der Looping, der geflogene Reuel, Hand- und Bodycarven
- Die Loopings, die hochgezogenen Kurven – eine neue Art der Raumerschließung
- Kann zu Kurvenlagen führen, bei denen der Ski noch oben am Hang, der Körper bereits weit unten im Tal liegen.

„Das Ich im Kurvenrausch"
– ein Flugblatt von SPORTS

Einen zentralen Brennpunkt der Überlegungen zur Emotionalität bildet das Ich. Es gilt der wahrscheinlich von Moshe Feldenkrais formulierte Satz „Bewusstheit durch Bewegung". Das Ich-Bewusstsein steigert sich speziell als Hochgefühl bis zum Bewegungsrausch und verliert sich in ozeanischen Gefühlen und in Selbstvergessenheit. Aber Ich-Gefühle und Befindlichkeitsgefühle finden sich in verschiedener Ausprägung und Gestimmtheit bei vielen Techniken. Dafür einige Beispiele:

Das Kurvengleiten – noch schöner als Gleiten im Schuss
- Gleiten vom Anschnitt bis zum Ende
- Die hochgezogenen Kurven – eine neue Art der Raumerschließung
- Kann zu Kurvenlagen führen, bei denen der Ski noch oben am Hang, der Körper bereits weit unten im Tal liegen
- Die starke Kurvenlage – eine permanente Herausforderung
- Kurvenlagen zwischen 30 und 80 Grad
- Die extremen und exzessiven Bewegungen und Positionen – die Übersteigerung der Alltagsmotorik
- Beispiele: Handcarven, Bodycarven, Pedalo-/Kosakenstellung
- Der wachsende Stauchdruck in der Kurve – Belastung kann schön sein
- Herausforderung von Kurve zu Kurve
- Der Ski „auf Zug" – der Fahrer im vorwärts drängendem Gleiten
- Gleitgefühl, das über das bloße Dahingleiten hinausgeht
- Die Beschleunigungen von Ski und Körper – raffinierte Überlistungen motorischer Muster (Es geht es nicht um schnelles Fahren!)
- Abschneiden, der spezifische Kurvenzug der Finaljet
- Flex und Rebound – mit dem Ski agieren, synergetische Leistungen
- Hohe Schule, aber vielen Fahrern leicht zugänglich
- Sohlenaktivitäten – Feinmotorik nach klassischer Art dank Carvingski
- Hohe Schule von Pronation und Supinationen, von Bewegungen längs der Fußsohlenkanten
- Die neuen Schwünge – Kreationen der Bewegungskunst
  Beispiele: der Wellencarver, der Taucher (Schlangenschwung), das Carvwedeln, der Stepcarver, der Pedalo, der Geflogene Reuel.

Hochgefühle des Skifahrens

Hochgefühle werden vor allem in der älteren Skiliteratur immer wieder angesprochen. In der Regel sind sie situativ gebunden und bewegen sich in einem bestimmten zeitlichen Rahmen. Im nachfolgenden Abschnitt versuche ich sie näher zu charakterisieren und Wege aufzuweisen, wie man ihnen in der Skikurspraxis begegnen könnte.

Ute Frevert, Direktorin des Max-Plank-Instituts für Bildungsforschung in Berlin und Professorin an verschiedenen Universitäten, betont die Notwendigkeit von Gefühlsworten, um Gefühle zugänglich und kommunizierbar zu machen („Vergängliche Gefühle". Göttingen 2012). Die reiche Gefühlswelt war immer schon da, wurde auch irgendwie angesprochen, aber nur selten namentlich gemacht und differenziert betrachtet. Letzteres wohl deshalb, weil die Gefühlssprache weithin fehlte. Wie überhaupt beim Thema Gefühle verhinderten auch die Vorurteile der Subjektivität und der Unerheblichkeit eine Befassung und Untersuchung.

Eindringliche und eindrucksvolle Beispiele für allgemeine Gefühle beim Skifahren finden sich dennoch, auch wenn ihnen nirgends systematisch nachgegangen wird, in Lehrschriften einiger Autoren. Genannt seien hier Anton Fendrich, Alfred Flückiger, Josef Dahinden, Hans Fischer, Hans Roelli und Gottfried Rössel. Die Sprache dieser Skischriftsteller ist allerdings oftmals nicht mehr unsere. Sie ist gerne überschwänglich, gesucht poetisch und benutzt zu viele Superlative. Einige Bilder und Metaphern sind jedoch auch heute noch erhellend.

Folgt man Ute Frevert muss man Gefühlspänomenen, um sie vermittelbar, diskussionswürdig und allgemein kommunizierbar zu machen, auch einen Namen geben. Das heißt bisher diffuse Be- und Umschreibungen durch ein Gefühlswort konkretisieren. Im Folgenden dazu einige Vorschläge.

In den 1920er und 1930er Jahren finden wir häufig den Begriff der Skiseligkeit. Später kamen modernere Begriffsversuche hinzu, um die schönsten, besten, ekstatischen, hohen Gefühle beim Skifahren einzugrenzen und einzufangen. Ich habe sie gesammelt und gebe sie hier wieder, so wie ich sie auch in mein „Skilexikon" eingebracht habe. Einige Prägungen stammen auch von mir.

Erwartungsspannung – Fassung von Karl Mülly nach Arturo Hotz

„Wer Ski läuft, sieht voraus, dass er überrascht werden wird. Er weiß aber nicht wann. Er brennt danach, sich zu wehren, aber er weiß nicht, in welchem Umfang er seine Kräfte einsetzen muss.... Dieses Überraschungsmoment löst für Anfänger und Läufer unbewusste seelische Spannungen und Erregungen aus." Die Erwartungsspannung kann in besonderen Situationen zu einem kitzligen Hochgefühl werden. (Über die Auffassung des Schweizer Pädagogikprofessor Karl Mülly berichtet Arturo Hotz in Form eines imaginären Interviews.)

Tiefschneerausch – ein traditionelles Gefühlswort

In den Schnee hineintauchen und aus dem Schnee wieder heraustauchen oder unter der Schneedecke seine Spur legen, eine gelungene Aktion dieser Art kann die Gefühle bis zu einem rauschhaften Zustand steigern. Im Kern geht es hier um die wohl intensivste Form einer Auseinandersetzung mit dem Element Schnee.

Geschwindigkeitsrausch – ein traditionelles Gefühlswort

Ein sehr subjektives Empfinden der Geschwindigkeit, das vom Können und der Erfahrung abhängt und nach einer gewissen Fahrstrecke einsetzt. Immer beruht es auf dem Gleiten und dem Empfinden, wie man in die Mauer aus Luft hineintaucht und wie der Fahrtwind den Körper und die eventuell flatternde Kleidung umspielt.

Skiseligkeit – ein traditionelles Gefühlswort

Neben vielen schwärmerischen Schilderungen finden wir in den 1920er und 1930er Jahren häufig die zwei Hochgefühle des Geschwindigkeitsrausches und des Skiseligkeit. Letztere war meist umfassend gemeint, konnte sich aber auch wie der Geschwindigkeitsrausch auf die Skitechnik und Fahrweise beziehen. So schreibt Josef Dahinden zum Telemarkverdikt des Arlbergs 1931: „Die Arlberger geraten in Ekstase – vor Wut – , wenn sie das Wort nur hören und wenn du davon flüsterst, bringen sie dich um. Willst du aber dennoch skiselig werden, lerne ihn trotzdem."

Wedel-Ekstase – ein traditionelles Gefühlswort

Nicht zufälligerweise können wir heute von der Mitte der 1920er Jahre auf ein Dutzend verschiedener Wedelarten zurückschauen. Die vorausgesetzte technische Perfektion, der kurze Schwungrhythmus, die ausgeprägte Körpersprache und einzigartige Expression, das Streben nach einer harmonisch-gleichmäßigen Spur und der innere Antrieb zur unendlichen Wiederholung haben Generationen von Skifahrern ein hohes Ziel gesetzt, haben die Akteure immer wieder zu exzessiven Leistungen getrieben und haben ihnen dafür ekstatische Gefühle geschenkt.

Ozeanische Gefühle – ein traditionelles Gefühlswort nach Sigmund Freud

Von den Ich-zentrierten Gefühlen zu den Wir-Gefühlen bis zum Zustand, in dem sich die Ich-Bewusstheit auflöst und man sich in Zeit und Raum verliert ohne eine Grenze zur Außenwelt.

Flow – inzwischen bereits ein traditionelles Gefühlswort

Tiefen Flow und vollkommene Präsenz schenkt dieser Sport. Versinken in Räumen, in Rhythmen, in Bewegungen und im Bewegtsein. Voller Aufmerksamkeit nur noch da und präsent sein, Aufgehen in einem schönen Tun – das erfährt die Skifahrer auf jeder Könnensstufe. Skifahrer sind immer ganz und gar bei ihrem Tun und sie tauchen immer wieder in die Vergessenheit von Flow ein.

Gestaltungsstolz – ein traditionelles Phänomen

Beglückendes Erlebnis einer Gemeinschaftsleistung. Die Lösung choreographischer Aufgaben wie das Fahren in Formationen machen in Skigruppen den Leuten nicht nur Spaß, sondern sie empfinden nach einer solchen Fahrt Stolz, den sie auch kommunizieren. Als persönliches Erlebnis finden wir den Gestaltungsstolz auch nach gelungenen Spurengraphiken.

Augiasmus als Anstrengungslust – Fassung nach Bazon Brock

Über den Begriff Orgasmus – wie dieser im Zusammenhang mit Ski fahren Ernest Bornemann zugeschrieben – hinausgehend hebt der Künstler und Philosoph die Lust an der Arbeitsanstrengung heraus. Dieser süchtig machenden Lust läuft beispielsweise der Jogger nach. Manche Steilhangabfahrt, manche Tiefschneeabfahrt, manche Wedelserie, die Choreographieform „Tornado" stehen auch unter der Jagd nach Augiasmus.

Snow-Timing – Fassung von Arturo Hotz

Damit wird einem Gefühl im Spannungsfeld zwischen psychophysischer Form, Schneesportgerät und aktueller Situation nachgegangen. Man fühlt sich in Form und kann sich in seinem Spur- und Technikplan dem Schnee, der Witterung und den Sichtverhältnissen anpassen. Tempo und Fahrlinie gelingen nach den eigenen Vorstellungen.

Ski-Resonanz – Fassung von Walter Kuchler

Damit wird erfasst, wenn im Raum des Befindens und Erlebens für einen Moment alles stimmig wird. Dazu kommt es, wenn fahrerisches Gelingen, Spaß am Schnee, synergetische bis symbiotische Übereinstimmung mit dem Ski, Erlebnis von Wetter und Berg auf hohem Niveau übereinstimmen.

Schnee-Morphose – Fassung von Walter Kuchler

Mit Schnee-Morphose wird zu erfassen versucht, was der Philosoph Wolfgang Welsch nach dem Erleben eines Strandspazierganges beschreibt und was auch beim Skifahren sich ereignen kann. Der Mensch stehe in einer solchen Situation mit seiner Umwelt „in einer tiefen Gemeinsamkeit. Alle Dinge sind miteinander verwandt, sind symbiotisch ... Sie erweisen sich als eigentümlich verwandt, wie Gebilde und Manifestationen einer einzigen und gemeinsamen Welt. Eine wundersame – eine heiter-beglückende – Gemeinsamkeit hat sich aufgetan...Er (der Mensch) steht nicht mehr als Subjekt der Welt gegenüber, sondern ist Teil ihrer geworden." („Mensch und Welt". München 2012, Seite 79). Diese Übersprungsituation kann beim Skifahren eintreten, wenn Fahr-Erlebnisse wie der Tiefschneerausch und Naturerlebnisse zusammenfallen.

Die Bewegungsqualitäten –
Merkmale des emotionalen wie des ästhetischen Gelingens

Der große Skischriftsteller und einflussreiche Funktionär Carl J. Luther sagte schon vor über einhundert Jahren voraus, dass der Skifahrer nie aufhören wird, seine Fahrweise den Anforderungen anzupassen. Nur so kann man auch im Rückblick die Entwicklung der Skitechnik verstehen. Gemessen werden allerdings traditionellerweise fast immer nur die Bewegungseigenschaften. Ich möchte heute gerne den Maßstab der Bewegungsqualitäten heranziehen. Dabei gehe ich über die in der sportlichen Bewegungslehre hinaus genannte klassische Einteilung hinaus, denn gerade auch in diesem Punkte wird sichtbar, wird sichtbar, wie varianten- und facettenreich die skifahrerische Technik ist.

Es wird ein modernes und spannendes Problem der Methodik sein, wie man durch bessere Bewegungsqualitäten auch eine Perfektion an Bewegungsfertigkeiten erreichen kann.

Bewegungsqualität Rhythmus

Wenn wir guten Fahrern zuschauen, fällt uns als Erstes immer auf, wie Schwünge aufeinander folgen und wie sie einander folgen und ob sie deutlich auseinander hervorgehen. Wir sehen, wie ein Schwung aus dem anderen hervorgeht. Zugleich aber stellen wir fest – vor allem, wenn wir an das Wedeln denken – , wie schnell die Folge von Schwüngen, wie hoch also die Schwungfrequenz ist. Wer noch genauer hinschaut, sieht auch, wie jeder einzelne Schwung gebaut ist. Aus welchen Phasen er besteht, welche Akzente gesetzt werden und wie die Teilbewegungen ineinander übergehen. Stimmen die drei Beobachtungen überein, also die Schwungverbindungen, die Schwungfrequenz und die innere Schwunggestaltung, so empfinden wir, dass hier rhythmisch gefahren wird und das dies ein perfektes und schönes Skifahren ist.

> **Rhythmus ist die Notenschrift der Kurvenmelodie.**

Bewegungsqualität Dynamik

Kraftvolles und explosives Fahrern. Der Fahrer spielt alles aus. Jeder Schwung sitzt. Der Fahrer hat Temperament. Lange oder kurze Schwünge, langsamere oder schnelle Fahrt – aber immer hohe Kurvengeschwindigkeit. Scheinbar unbegrenzte Energiereserven.

Bewegungsqualität Kraft

Der Auftritt hat eine Selbstverständlichkeit in sich. Die Fahrt geht scheinbar durch Dick und Dünn. Es scheint keine Widerstände zu geben. Dabei keine Hektik. Kraft ist hier immer Bärenkraft.

Bewegungsqualität Harmonie

Alle Rhythmen sind da. Aber sie sind auf eine einzigartige Art miteinander vereint. Kraft und Dynamik scheinen weit im Hintergrund zu liegen. Eine Melodie schwingt mit. Spielerisch? Ja – aber an eine Partitur gebunden. Fahrt und Fahrer sind sich einig. Alles ist stimmig.

Bewegungsqualität Eleganz

Eleganz ist eine nicht direkt intendierbare und trainierbare Bewegungsqualität. Sie zeigt sich, sie wird geschenkt, wenn mehrere andere Qualitäten zusammenwirken so die Harmonie, die Perfektion, die Geschmeidigkeit und eine gewisse Leichtigkeit.

Bewegungsqualität Lebendigkeit

Quirlig, abwechslungs- und einfallsreich agieren. Manchmal meint man bei der Beobachtung eines Fahrers, dies sei seine Welt. Hier fühlt er sich wohl, hier kann er sich verwirklichen. Er lebt so zusagen seine Skitechnik. Das heißt aber auch, man sollte bedenken, ob man alle Schüler und Skifahrer zu diesem Ideal ermuntern sollte oder ob man Lebendigkeit einfach als eine psycho-motorische Prägung für sich stehen lassen soll.

Bewegungsqualität Leichtigkeit
Bei den Beobachtungen anderer Skifahrer nennen meine Schüler manchmal diese Eigenschaft. Ohne Fehler und irgendwie unbesorgt gleiten diese Fahrer über den Hang. Sie gehen an keine Grenzen. Technik und Fahrtaktik scheinen so verinnerlicht zu sein, dass sie keiner Aufmerksamkeit mehr bedürfen. Spielerische Einstellung? Heiteres Gemüt? Jedenfalls steckt dahinter immer auch großes Können.

Bewegungsqualität Geschmeidigkeit
Diese Qualität der Fahrweise spiegelt in der Regel eine Voraussetzung, die wir mitbringen. Sonst findet zu dieser Fahrqualität nur, wer viel und variantenreiches Skifahren hinter sich hat. Oft wird in der Skiliteratur die Geschmeidigkeit und Gelenkigkeit mit dem Bild der Schlange und deren Bewegung ausgedrückt. Vielleicht könnte auch das Training der vielen Schlangenschwünge zu einer allgemeinen geschmeidigen Fahrweise führen. Mathias Zdarsky übrigens hält die Geschmeidigkeit für eine skifahrerische Voraussetzung, die Frauen mitbringen.

Bewegungsqualität Perfektion
Gute Demonstratoren vermitteln uns, was man unter Perfektion verstehen könnte. Bei einer Vorführung stimmt alles, worauf sich Theoretiker, Rennfahrer oder Lehrplanautoren als richtig oder als beste Losung geeinigt haben. Man kann an perfekten Demonstrationen ablesen, was die besondere Technik ausmacht: die Struktur, die Elemente, der Ablauf, der Rhythmus, die Expression. Im Gesamtbild lässt sich eine Identität ablesen, wie sie eben dieser Technik eigen ist.

Bewegungsqualität Schönheit
Die Expression und das Streben nach schönem Ausdruck, sich selbst gut finden, auf Freunde und Kollegen Eindruck machen, den Skilehrer in seiner Art nachahmen und ein bisschen an die Rennfahrer herankommen, gehören ausgesprochen oder unausgesprochen zu den großen inneren Antrieben. Deshalb liebt man auch bestimmte Techniken.

Bewegungsqualität synergetische Kooperationsfähigkeit
Dies ist eine Qualität, die uns vor allem durch den Carvingski und seine Eigenschaften bewusst geworden und in unserem Zusammenhang auch als eigener Anspruch zu sehen ist. Nur wer die Autokinetik des Ski für das Kurvenfahren mit seiner Eigenführung, mit seinem verstärkten Flex-Reboundvermögen und mit seinen starken Antworten auf Vor- und Rückbelastungen nutzt, kann überhaupt von einem modernen Skifahren sprechen. Die synergetische Kooperationsfähigkeit ist übrigens leicht zu beobachten, wenn man sieht, wie Entlastungsbewegungen und Drehimpulse ihre Bedeutung einbüßen und wie Driftanteile im Schwung kaum zu beobachten sind. Kooperation zwischen Fahrer und Ski gab und gibt es selbstverständlich auch bei klassischen Techniken, nur muss dort, wie es die Schweizer in ihrem Lehrplanentwurf von 1993 formulierten, der Ski tun, was der Fahrer will, während nun der Fahrer eher sich so verhält, dass dies den Eigenschaften des Ski gerecht wird.

Skitechnik universell bei SPORTS

Programm Biomotorik

- Tiefenschichten, Alltagsmotorik, Kinästhetik
- Flex+Rebound und Autoreaktionen
- Reflexe und motorische Programme
- Motions by Emotions – Emotions by Motions
- Bewegungsqualitäten und Bewegungsästhetik

Theorie des Gleitens und Schwingens

- Belletristische Sichtweisen
- Grundlegende Biomechanik
- Bedeutende Schulkonzeptionen
- Carvingtechnik und Carvingtechnologie
- Optimales Gleiten und Schwingen

Grundschulen (Grundschulmodelle)

- Gehen, Wenden, Aufsteigen
- Schrägfahrt und Seitrutschen, Schuss
- Springen, Stürzen und Aufstehen
- Schwung bergwärts, Bogentreten und Schlittschuhschritt
- A: Pflug > „direkte Wege" zum Schwingen
- B: Pflug > Weg Pflugbogen, Pflugschwung
- Basiscarver – Basisdrifter

Boardercarven
- Kippcarver und Taucher
- Drehschwung u. Schlangenschwung
- Rebounder und Reflexer
- Hand- und Bodycarven
- Monoski und Skwal

Skatecarven
- Innen Anschneiden - Innenschwünge
- Ducias Schrittcarver und TeleCarver
- Scherschwünge, Eisläufer, Pedalos
- Geflogene Hunde und 360er
- Tomba-Schwung und Stepcarver

NeoClassic
- NeoClassic Rotation
- NeoClassic Mambo
- NeoClassik altes + neues Beinspiel
- NeoClassik OK-Technik + Surftechnik
- NeoClassic Rockern

Racecarven
- Raceschwünge
- Carvewedeln
- Frontaltechnik
- Looping
- Komfort-Racer

Spezialtechniken
- Fahrpositionen
- Rennschwünge
- Spielschwünge
- Springen und Geflogene Schwünge
- Kurzschwünge und Wedeln
- Einfache Trickformen
- Ausfalltechniken - Telemarks

Aktive Veränderungsfaktoren
- Koordinationen, Konfigurationen, Rhythmen
- Tempo und Kurvengeschwindigkeit
- Antizipationen und Kippen
- Driften, Anschneiden, Steuerungen
- Radius, Schwungweiten, Lagen
- Spur und Schritte
- Ent- und Belastungen

Kleine und größere Künste
- Braquage, Fishhook, Nachsteuern u. a.
- Stretchen und Rochieren
- Handführungen und Exzenter
- Fuß- und Beintechnik
- Flex + Rebound als Prinzip
- Schusstuning – Optimierungen
- Schwungtuning – Beschleunigungen

Frühe klassische Schwünge
- Zdarsky-Schwung
- Stemm- und Scherschwünge
- Reuels Drehumschwung
- Schraubenkristiania
- Temposchwung
- Testa-Technik
- Engeln – Flieger

Situatives Können
- Befahren von Geländeformen
- Befahren von Flach- und Steilhängen
- Fahren auf glattem und vereistem Hang
- Fahren im Weichschnee und Firn
- Fahren im Tiefschnee
- Fahren über Wellen und Buckel
- Fahren im Funpark

Neuere klassische Schwünge
- Gegendrehschwünge
- Methode Francaise
- Christiania léger - Komfortschwünge
- Jet- und Kippschwung
- Kompressionsschwung
- Umsteigeschwünge
- Ausgleich-/Wellentechnik

WERKSTATION

Techniken auf Gesundheitskurs
- Besondere Fahrergruppen
- Vorzugs- und Vermeidungstechniken
- Komfortschwünge, Storchenschwung
- Schontechniken Knie, Hüfte, Rücken
- Mehr Reflexe und immer Rebounds
- Aktivierung Fußtechnik
- Abstimmungen Ausrüstung
- Ratschläge aus der Skitaktik
- Zertifikate - Dokumente

Techniken Hohe Schule – A-Note
- Bewegungsqualitäten + Reflexe
- Schusstuning Schwungtuning
- Biomotorisches Verständnis
- Wedeltechniken
- Spur- und Technikpläne
- Skitechnisches Repertoire
- Stil und Eigentechnik
- Motorisches Profil
- Zertifikate - Dokumente

Techniken Meisterklasse – B-Note
- Bewegungsqualitäten
- Tiger Feeling, Figuration und Expression
- Kurvenmelodien und emotionelle Steuerungen
- Choreographien
- Technik- und Methodikprojekte
- Skitechnisches Repertoire
- Stil und Eigentechnik
- Motorische Persönlichkeit
- Zertifikate - Dokumente

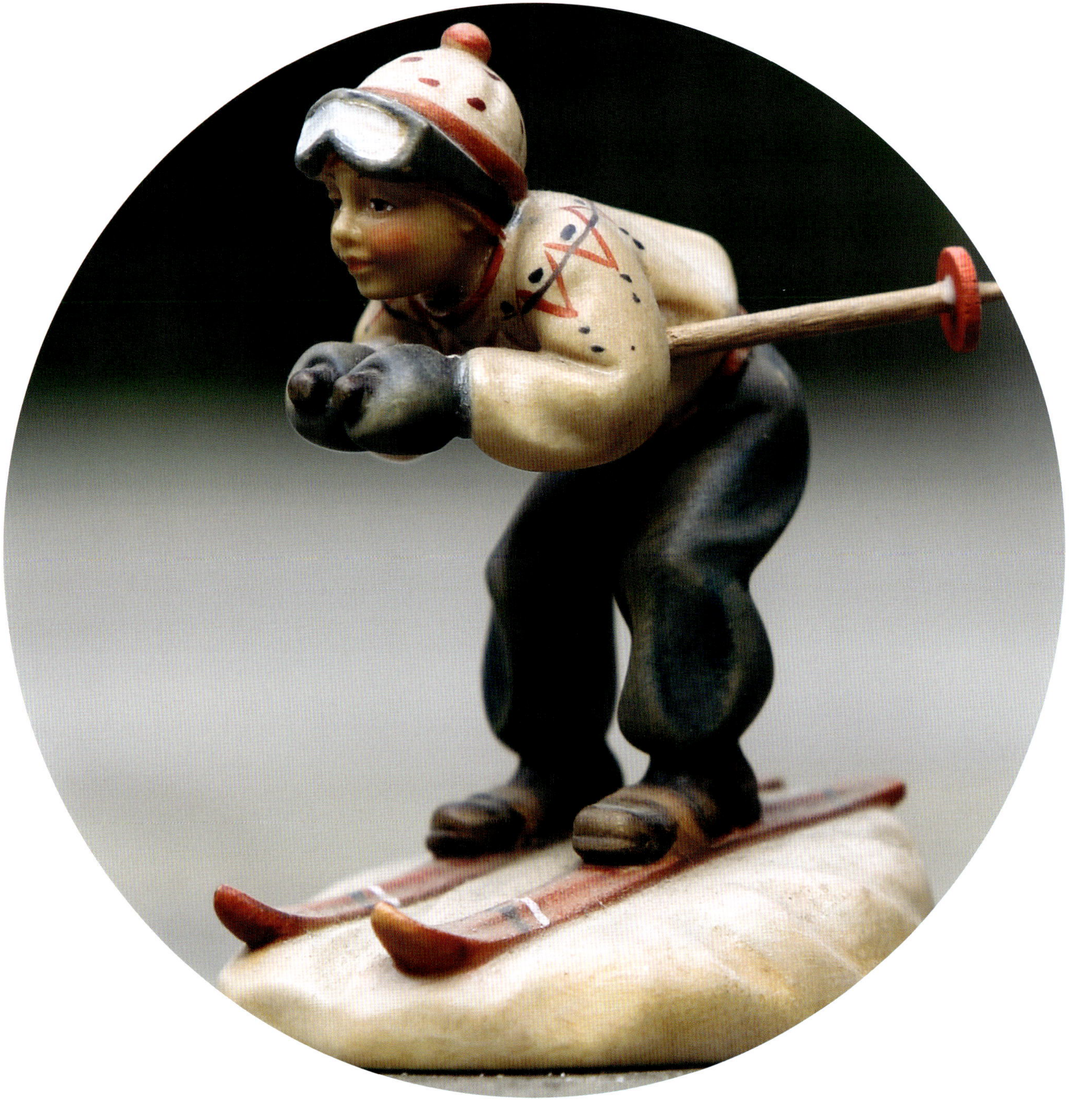

Teil 4

Emotion und Ästhetik in den Programmen Biomotorik und Meisterklasse – eine Evolution

Brücken zu den anderen Lehrplanbänden

Band 1: Skifahren gesund, schonend und sicher
Emotion und Ästhetik dürfen nicht verlorengehen, wenn man aus gesundheitsorientierter Einstellung oder aus Handicapgründen einem besonderen Programm folgen sollte. Der Lehrplanband 1 zeigt, welche Möglichkeiten man wählen könnte. Dort geht es nicht um ein „abgemagertes" und reduziertes Skifahren, sondern um Auswahlprogramme, die auch weiterhin eine schöne und emotional gesteuerte Skitechnik ermöglichen.

Band 2: Skitechnik und Skimethodik
Der vorliegende Band „Die weiße Kunst" ist eigentlich ein Kapitel aus bzw. für den Technik- und Methodikband.

Band 3: Fit für das Skifahren und fit durch das Skifahren
Gute Skitechnik, gute Expression und eine ausgereifte und persönliche Körpersprache hängen eng mit der Gesundheit und Fitness zusammen. Auch eine Ermunterung zum persönlichen Stil setzt einen guten Trainingszustand voraus. Stil darf nicht als ein Zerrbild der anspruchsvolleren „Norm" verstanden werden.

Band 5: Geschichte der Skifahrtechnik
Rück- und Überblicke zeigen den Wandel gerade auch der Wahrnehmungen von Ästhetik und emotionalen Einstellungen. Sie zeigen den Rahmen und die Grenzen der gegenwärtigen Auffassungen. Aber sie öffnen auch den Blick und machen neugierig. Träume und Inspirationen kommen aus Vergangenem und Gegenwärtigem.

Skitechnik universell
Der Rahmen ist weitgespannt. Es soll in 1 – 2 Jahren jedenfalls nicht heißen, wir haben etwas Neues und das Alte ist passé. Wir warten zwar auf neue Möglichkeiten, aber wir werden sie auf die Vergangenheit aufbauen. Auch die Zeit der nationalen Skitechniken ist vorbei. Unsere Graphik zeigt den Reichtum an Möglichkeiten. Diese Übersicht soll ermuntern zu wählen, zuzugreifen und eine spannende Zukunft zu erwarten.

Den Begriff „universelle Skitechnik" suchte ich schon in den 1970er Jahren in das deutsche Skilehrwesen einzuführen. Ich arbeitete mit ihm in verschiedenen Veröffentlichungen. Für SPORTS ist er seit vielen Jahren Programm. Er steht für Offenheit, Vielfalt und Freiheit. Er berücksichtigt die Vergangenheit, überspringt die nationalen Schranken und wartet auf Ski Futur.

Wie „Ski universell" in der Skipraxis aussieht, ist schon an unserem Lehrplanband 1 „Skifahren gesund, schonend und sicher" aus dem Jahre 2016 zu sehen. Dieser Begriff wird auch unseren Lehrplan Band 2 „Skitechnik und Skimethodik. Ski Klassik – Ski Aktuell – Ski Futur" prägen.

Navigation durch die Skitechniken – Programme

Die Fülle der Möglichkeiten sollten nicht erschrecken, sondern neugierig machen. Nur wenige Skifahrer können alle Techniken beherrschen. Eine universelle Aneignung wäre auch nur für wenige Experten sinnvoll. Ich mache ein paar praktische Vorschläge, um sich oder um für Skikurse ein passendes Programm zusammen zu stellen.

1 NEUES PROGRAMM FÜR ALLE FÄLLE

Wer in die Neuzeit einsteigen will, dem möchte ich die Grundlagenkapitel nicht ersparen.

- Programm Biomotorik   2 – 7
- Theorie des Gleitens und Schwingens   8 – 13

Endscheidung zwischen

- Racecarven oder   22 – 27
- Boardercarven oder   28 – 33
- Skatecarven   34 – 38

Weitere Entscheidungen nach Ambitionen und Voraussetzungen.

2 BESONDERS SCHNELL ZUR SACHE – EINFACH UND AUSBAUFÄHIG

Persönlich halte ich diesen Weg für den einfachsten und doch auch offen für perfektes und expressives Skifahren.

- Grundschulmodell „Die Post geht ab!"   14
- Bordercarven   28
- Kippcarver   29
- Taucher   29
- Zdarsky-Schwung   79
- Reuels Drehschwung   81
- Engeln – Flieger   85

3 AUCH NOCH SCHNELL ZUR SACHE – SCHNELL UND SPORTLICH

Alle, die vom Schlittschuhfahren und Inline-Skaten kommen, aber auch alle klassischen Umsteiger, sind bei diesem Programm gut aufgehoben.

- Grundschule: mit Supershorties und Shorties einsteigen   19
- Skatecarven   34
- Skateschwünge   35 – 39
- Innen Anschneiden – Innenskischwünge   35
- Rennschwünge   72
- Temposchwung   63
- Methodé Francaise   88

4 GESUNDHEITSORIENTIERT – DEN HANDICAPS ANGEPASST

Weil man älter oder gehandicapt ist, muss man zu keiner abgemagerten Technik greifen. Warum auch! Man kann doch schon soviel und hat soviele Erfahrungen. Deshalb meine Vorschläge:

- Grundschule: „Mit der AOK auf Gesundheitsreise" 14
- Volle Werkstation „Technik auf Gesundheitskurs" 94 – 103
- Zdarsky-Schwung 79
- Komfort-Racer 27
- Christiania léger 89

5 FÜR PERFEKTIONISTEN UND TÜFTLER

Man erkennt sie als Explorer nicht nur auf der Piste, sie sind auch unter den eifrigsten Lesern von Skibüchern zu finden. Auf sie warten schöne Aufgaben. Auch alle Skilehrer sollten sich diesem Programm stellen.

- Vollprogramm Spezialtechniken 70 – 77
- Vollprogramm Techniken Hohe Schule 104 – 113
- Schuss– und Schwungtuning 60 – 61
- Stretchen und Rochieren 56

6 FÜR KUNSTSINNIGE UND TRÄUMER

Ich suche sie und ich möchte mit ihnen trainieren. Noch nie lagen so viele schöne Schätze vor ihnen. Das Programm liegt auf der Hand:

- Vollprogramm Technik Meisterklasse 114 – 123
- Stretchen und Rochieren 56

7 FÜR EXPLORER UND NEUGIERIGE

Diesen meiner Leser ist schwer zu raten. Aber sie sind auch die Leute, die suchen und finden wollen. Dennoch einige Vorschläge:

- Frontaltechnik 25
- Reflexer 31, 59
- Rebounder 31, 59
- Ducias Schrittcarver 39
- Telecarv 39
- Rochieren 56
- Testa-Technik 84

8 AN DIE GRENZEN GEHEN

Grenzgänger suchen nach dem Kick, nach expressiven und extremen Techniken. Dafür meine Vorschläge:

- Racecarven 22 – 27
- Looping 26
- Dreihundertsechziger 30
- Pedalieren 36
- Tomba-Schwung und Stepcarver 38
- TeleCarv 39
- Rennschwünge 72

9 FÜR SPORTLICHE FAHRER

Sie wissen in der Regel selbst, was sie wollen. Vielleicht finden sie doch noch etwas Neues:

- Racecarven 22 – 27
- Skateschwünge 34
- Schuss– und Schwungtuning 60 – 61
- Rennschwünge 72
- Vollprogramm Hohe Schule 104 – 113

10 AUF GEHT'S INS FREIGELÄNDE

Wenn Sie privat hinausgehen, sollten Sie sich nicht nur die notwendige Skitechnik, sondern auch die lebensnotwendige Kompetenz aneignen. Skilehrer brauchen für den Unterricht im Freigelände eine eigene Lizenz.

- Situatives Können   62 – 69
- Spurpläne   109

11 FÜR VERSPIELTE NATUREN

Spielen mit dem Schnee, dem Hang und dem Ski – das ist das Programm der großen Spielkinder. Ich gehöre zu ihnen. Ein Leben lang ist man auf der Suche nach neuen Spielvarianten. Deshalb ist uns schwer zu raten. Aber ohne geht nicht:

- Wellencarver   26
- Reuels Drehumschwung   37
- Fahren im Funpark   69
- Rennschwünge   72
- Spielschwünge   73

12 FAHRT DURCH DIE ZEITEN

Nostalgiker, lasst Euch nicht verspotten und diskriminieren! Skifahren war schon immer schön. Unsere Vorfahren waren auch gut drauf. Und das Erbe ist hochinteressant. Mit unserer Ausrüstung können wir die alten Techniken leicht umsetzen und ihnen einen modernen Touch aufsetzen.

- Vollprogramm des Kapitels frühe klassisch Schwünge   78 – 85
- Vollprogramm des Kapitels neuere klassische Schwünge   86 – 93

13 FAMILIENPROGRAMM

- Grundschule „Die Post geht ab!"   14
- Wellencarver   26
- Boardercarven   28
- Taucher   29
- Fahrpositionen   71
- Spielschwünge   73

Die Erfahrung und der Kontakt mit vielen Skifahrern sagt uns: Wer einmal Spaß am Ausprobieren von Techniken gefunden hat, wird das ganz Skifahrerleben unterwegs zu neuen Spuren sein. Einer der großen Pioniere und Skischriftsteller, Carl J. Luther hat dies schon 1916 formuliert:

„In dieser immerwährenden Beschäftigung des Schneeläufers mit der Skitechnik liegt ein großer Teil der Reize des Schneelaufes. Über diese Beschäftigung kommt der Schneeläufer nie hinaus, selbst der allerbeste, der Künstler auf Schneeschuhen, wird fortwährend von der Anpassung seiner Hilfen an die wechselnden Verhältnisse in Atem gehalten."

„Die Schule des Schneelaufs", Seite 50

Biomotorik als Stil und Eigentechnik

Glossar

Stil ist die persönliche Umsetzung einer Technik. Diese wird dabei mehr oder weniger abgewandelt. Wir erkennen einander an unserer eigenen Fahrweise.

Eigentechnik ist eine Fahrweise, die nicht einer typischen und bekannten Form entspricht. Sie kann aus einem Zufall, einer anatomisch-physiologischen Notwendigkeit oder aus explorativer Suche zustande kommen.

Ein klassisches Anliegen:

„Du sollst mir aber nicht allzu viel auf die großen Skiläufer hören. Lauf´ du deinen Stil; das, was dir liegt und Vergnügen macht. Der beste Stil für dich ist der, mit dem du am schnellsten, ohne Sturz, die Hänge hinunterkommst. ... Wenn du fährst, wie es dir liegt, wie es ein körperliches Wohlfühlen und ein geistiges Vergnügtsein in dir erzeugt, dann fährst du stilvoll – und dann sieht es gut aus."

Henry Hoek, „Skiheil Kamerad! Skikurs für eine Freundin". Hamburg 1934 Seite 63

Dieses Zitat des großen Pioniers und Schriftstellers aus dem Jahre 1934 sagt bereits viel aus, was man unter Stil verstehen könnte. Es weist vor allem auch auf ein Fahren mit „Wohlfühlen" und „geistigem Vergnügtsein" hin. Beide Einstellungen sind auch Komponenten sowohl der Emotionalität wie der Ästhetik.

„Persönliche Gleichungen" und Stilmerkmale

Präferenzen sind Vorlieben, die nicht unmittelbar den Fahrstil betreffen, aber leicht ins Auge fallen. Sie sind auch Kennzeichen der motorischen Persönlichkeit. Bryant J. Cratty, ein bekannter amerikanischer Bewegungswissenschaftler, spricht deshalb von persönlichen Gleichungen. Dafür Beispiele:

- bevorzugtes Fahrtempo
- bevorzugte Kurvengeschwindigkeit
- bevorzugte Schwungweite
- bevorzugtes Gelände
- bevorzugte Fahrtechnik.

WELCHE STILMERKMALE SIND LEICHT ERKENNBAR:

Stilmerkmale sind so vielfältig wie die Skifahrer selbst. Einige besonders auffällige:

- Ausprägung von Positionen, z. B. bevorzugte Kurvenlage
- Spur- und Schrittweite
- Intensität und Art der Handarbeit, z. B. häufige Balancearbeit
- Timing des Bewegungsablaufes, z. B. Schnelligkeit des Schwungansatzes
- Auffällige Bewegungsqualitäten, z. B. Dynamik oder Harmonie.

Man wird eine Skipersönlichkeit

Über Carven und Skipersönlichkeiten schrieb ich einmal an anderer Stelle: Viele Skifahrer erleben sich als Skifahrer wie in einem anderen Leben. Sie werden gefordert und leisten. Sie treffen kühne Entscheidungen und führen sie aus. Sie erlernen höchst komplizierte Bewegungsabläufe und werden zum Könner. Sie kämpfen und siegen. „Jeder schreibt sich selbst in den Schnee!" Dieses treffliche Wort hat mit der neuen Fahrweise und den neuen Ski eine Akzentuierung bekommen. Unsere Schneeschrift ist sauberer und meist dynamischer geworden. Sie wird zur weißen Kalligraphie, zur künstlerischen Schrift im Schnee. Vor allem im mittleren und oberen Könnensbereich wird diese Schrift immer individueller und spezieller. Spuren verraten uns nicht nur etwas über das technische Können, sondern auch über die motorische Intelligenz, über das Temperament, die Phantasie und die Kreativität des Fahrers. Denken Sie an eine der Übersetzungen des englischen „Carve": Etwas in eine Oberfläche eingravieren.

Der Zugewinn durch Carven:

Das Schneiden und das Gestalten von Kurven gewann nochmals an Anschaulichkeit und Ausdruckskraft gegenüber dem bisherigen Schwingen. Für den aktiven Fahrer bekam die Expression eine noch deutlichere Sinndimension und für den beobachtenden Zuschauer werden Ästhetik und Ausstrahlung, Können und Dynamik noch greifbarer.

Eine Ermunterung, ja ein Freibrief, schon vor langer Zeit:

„Wer beim Üben von selbst auf diese und jene Abart kommt, mag sie ruhig weiter pflegen, wenn sie zusagt und sich im Gelände bewährt."

Carl J. Luther, „Die Schule des Schneelaufs". Seite 7

Luthers Satz ist ein Meilenstein im Verständnis von Skitechnik. Im Rückblick müssen wir diesem Satz „Verfassungsrang" zugestehen. Er sollte jeden Lernenden zu einem selbständigen Selbstbild ermutigen. Auch wird er jeden Lehrer erinnern, wie oft und wie korrigierend er eingreifen sollte, wie er schematische Vorgaben und seine eigene Demonstration relativieren muss und mit welchen unterrichtlichen Maßnahmen er die Balance von Führung und von freiem Versuch sichern könnte.

Die Biomotorik aus Flex und Rebound

Ski, die sich durchbiegen und zurückschnellen, und Schuhschäfte, die sich biegen lassen und wieder in den Grundstand zurückdrängen, bieten das Grundpotential für Flex und Rebound. Sie sind aber den diffizilen Möglichkeiten von Körperflex und Körperrebound untergeordnet.

Flex und Rebound haben auf der Piste die Vertikalbewegungen und damit Entlastungen abgelöst. Mit ihnen gelingt es, Ski unter Dauerdruck zu fahren und damit auch optimale Gleitergebnisse zu erzielen. Zum Einüben:

- Treppenschritt
- Schlittschuhschritt

Fishhook

Ein Fishhook lebt von Flex und Rebound. Es geht um:
- Flex und Rebound von Ski und Schuh
- Flex und Rebound aller Gelenke und entsprechender Muskeln.

Rebounder

Der Rebounder ist im Rahmen der Boardertechnik ein Werk selbsttätiger Automatismen:
- Zusammenwirken wichtiger Reflexe
- Zusammenwirken aller Flex-Rebound-Effekte.

> **Wer gelernt hat, mit Flex+Rebound zu arbeiten, hat sich mehr als eine besondere Fahrweise erarbeitet, er hat seine ganze Skitechnik verwandelt.**

Flex + Rebound kann auch in viele klassische Techniken eingebaut werden. Sie verändern diese bald mehr bald weniger. Sie machen aber alle effektiver. Unter anderem reduzieren sie die Driftphasen der Schwungeinleitung und nähern damit die klassischen Techniken dem Carven an.

Die Biomotorik der Reflexe

> **Reflexe, die ins Bewusstsein geführt werden, bringen eine eigene und neue Art von Körpergefühl. Vor allem, wenn sie mit gelingenden Aktionen erlebt und gefühlt werden.**

Erstmals im Verlaufe der Technikentwicklung wies Anton Fendrich 1908 auf die Kurvenwirkung einer vorausgehenden Kopfdrehung hin. Leider kam es in den Jahrzehnten danach nur zu gelegentlichen Hinweisen. Seit 1980 versuche ich, ein System der die Skitechnik unterstützenden Reflexe zu erarbeiten, in Kursen zu erproben und in Büchern, Manualen und Flugblättern vorzustellen. Ich bin überzeugt, dass die Einbringung der Reflexe in Unterricht und Skitechnik von großer evolutiver Bedeutung ist. Vielleicht wird meine Initiative überzeugender, wenn man weiß, dass auch in den Programmen der Psysiotherapie und der Ergotherapie Reflexe eine Rolle spielen.

Wie schon erwähnt, bringt der bewusste Einsatz von Reflexen – vor allem wenn man mehrere gleichzeitig aktiviert – ein neue Körperbewusstheit und ein neues Bewegungsgefühl für die einbezogenen Techniken.

> **Reflexgesteuert verwandeln sich die Techniken und bekommen eine neue ästhetische Architektur.**

Ich stelle hier eine Auswahl aus 40 einschlägigen Reflexen vor. Skilehrplan Band 2 wird sich näher mit dem Thema befassen. Beachten Sie die Sternchen, die eine Gewichtung und Empfehlung ausdrücken sollten.

Monika Jährig, Marl, 1989

Die Top-Zehn der Reflexe und der motorischen Programme für den Skiunterricht und für persönliche Versuche

	Reflex/Programm	Ablauf	Anwendung
✱✱✱	asymmetrischer tonischer Halsstellreflex – schnelles Drehen des Kopfes	Körperdrehung en bloc	Günstig zur Einführung der Arbeit mit Reflexen, Innenskibelastung, Innenlage, Innen-Anschneiden – ein „automatischer Schwung", Carverblick
✱✱✱	Asymmetrischer tonischer Körperstellreflex – langsames Drehen des Kopfes wie gegen einen Widerstand	Blickführung (Carverblick), Nacheinander von Kopf-, Schulter- und Beckendrehung	Antizipatorische Körperführung, Blickführung bei den Rennfahrern, Carverblick
✱✱✱	Aufrichtungsreflex (Liftreflex) – Reaktion auf Beschleunigung aber auch auf Verzögerung des Druckes auf die Fußsohle	Streckung der Beine schon beim ersten Gleiten und bei Ausrutschern	Springen an Wellen, Flexausnützung, Carvewedeln – Reboundeffekte bei verschiedenen Gelegenheiten, Vermeiden und Kontrolle bei Anfängern
✱✱✱	Gleichgewichtsreaktionen – Ausgleichsbewegungen	Ski neu untersetzen, Balancegriffe, Neigungen, Abstützen, „Unterfahren"	Beim Verschneiden, beim „Überkippen", beim Body- und Handcarven
✱✱✱	Palatolinguale Steuerung – Steuern mit Mund und Zunge –	– Zungenrollen von Seite zu Seite – Zungenstoß hoch an Gaumen – Zungendruck Unterkiefer	Für Richtungsänderungen, Hochbewegungen, Schaufeldruck, Pro- und Supination Kleinzehe, Innen-Anschneiden, Rochieren
✱✱✱	Gekreuzter Beuge-Streck-Reflex der Beine	Beugen eines Beines innerviert die Streckung des anderen, auch Umkehrwirkung.	Erklärt die Wirksamkeit des Pedalierens, des „Spitzerlhebens" und des Hüftkicks. Enge Bein- und Skiführung hinderlich.
✱✱✱	Neigungsbarriere 20 Grad brechen	von der Überwindung zur Sucht	Innenski, Flieger, Hand- und Bodycarven
✱✱✱	Rebound – Muskel- und Gelenkrebound	nach Beugen und Loslassen – Flex-Rebound-Prinzip	Bogentreten, Schlittschuhschritt, Sprünge, Girlanden, Wedeln, Fishhook, Rebounder und mehr
✱✱✱	Kreuzkoordination von Arm- Beinarbeit	Gegenläufige Bewegung von Armen und Beinen, Ablauf Schrittmuster	Laufen, Schrittwechsel im Schwung, Einleitung spez. Race- und Skatecarven
✱✱✱	Supination Kleinzehe – Druck auf Kleinzehenballen	Absenken Kleinzehenballen(Kleinzehengriff), Straffen der Muskulatur Beinaussenseite	Schwünge bergwärts, Fishhook, Innen-Anschneiden, Innenskischwünge

Skilehrern empfehle ich weitere Reflexe zu studieren. Skilehrplan Band 2 wird sie im zweiten Teil für Methodik bringen.

Reflexe aus der Sicht der Emotionen und der Ästhetik

Reflexfahren und Flex-Rebound Aktionen verwandeln die Architektur der Skitechniken und prägen neue Identitätsgefühle aus.

> Meine Überzeugung:
> Das Agieren aus Reflexen heraus und der konsequente Einsatz des Flex-Rebound-Prinzips sind ein evolutiver Schritt in der Entwicklung der Skitechnik.

Die Werkstation: Techniken Meisterklasse

Dieses Unterrichtsprogramm ist gedacht für erfahrene und gute Skiläufer. Ich gehe hier nicht im Einzelnen nach, da fast alle Punkte in anderen Zusammenhängen schon behandelt wurden. Eine Übersicht über die Themen des Programms ist der Graphik „Skitechnik universell" zu entnehmen.

Der Begriff „Meisterklasse" wird hier übrigens nicht im Sinne der österreichischen Skischule als Angebot für höchstes Können, sondern im Sinne wie er in der Künstler- oder Architektenausbildung gebraucht wird. Es sollte also ein Angebot werden an Skifahrer, die schon ein gewisses Können erreicht haben und damit auch gut durch ein Skifahrerleben kommen könnten, die aber nach mehr Schönheit, mehr Bewegungsausdruck, nach Fahrgestaltungen, nach Erweiterungen ihres Repertoires, nach kommunikativem Skifahren wie beim Gestalten von Choreographien, nach einer Verbindung von Spiel und Leistung suchen. Auch skifahrerische Projekte und kreatives Skifahren stehen im Fokus dieses Unterrichtskonzeptes.

Insgesamt geht es auch um die künstlerische Perspektive. Während die Werkstation „Hohe Schule" sich an der skifahrerisch-skitechnischen Leistung orientiert, ist diese Station ausgerichtet „an mehr Kunst als Technik", wie dies Georges Joubert gesehen hat:

> „Der Skilauf ist mehr Kunst als Technik.
> Für 50 % der Skilauftreibenden ist der Skilauf ein Ausdruckssport, wie der Kunsteislauf, der Tanz."
> Letztlich ist er sogar an Angebot an alle Skifahrer:
> „Der Skiläufer besitzt ein ureigenes Talent, das es ihm erlaubt, seine Technik zu entwickeln, wie der Musiker, der Maler, der Tänzer."
> (Georges Joubert, „Ski-Handbuch" Seite 15)

Die ästhetisch-künstlerische Dimension des Skifahrens wird gelegentlich sogar durch religiös-theologische Sentenzen und Bilder erweitert. So wenn Josef Dahinden vom „Evangelium der Skitechnik" spricht oder wenn der Begriff „göttlich" für gelungene Fahrten wie 1940 bei Felix Riemkasten verwendet wird. Auch Carl Julius Haidvogel steigert sich 1939 in den Begriff des Göttlichen hinein. Olav Gulbranson schließlich lässt – bewusst ironisch/sarkastisch – sogar den lieben Gott und die Engel direkt Ski fahren. Es ließen sich noch weitere Belege für eine metaphysische Begriffsverwendung aufführen, sie genügen aber, um zu zeigen und bewusst zu machen, dass wir bei der Erklärung und Vermittlung von Skitechniken auch metaphorisches Denken und Reden benutzen können.

Ich beschränke mich auf einige literarische Hinführungen zur Thematik. Sie sollen die Gesamtthematik dieses Lehrplans zur Emotion und Ästhetik in der Skitechnik mit einem Augenzwinkern abrunden. Sie sind dem kommenden Lehrplanband Nr. 5 als „Geschichte der alpinen Skitechnik" entnommen.

Monika Jährig, Marl, 1989

Blick in die Geschichte – Ausschnitte aus den „Zeitfenstern"

Einige Historische Ausschnitte ergänzen die Perspektiven der Emotionen und der Ästhetik in sehr ausdrucksstarker Weise. Allerdings wird diese Sicht der Dinge im Verlaufe der Entwicklung immer seltener.

Damenskilauf für die gute Figur
1908 Luise Schupp (D)

„Beherrscht man dann den Ski einmal vollständig, ermöglicht er den genußreichsten und schönsten Sport, der alle Muskeln gleichmäßig ausbildet, die Blutzirkulation fördert und den Körper wie keine andere Uebung gesund erhält. Eine biegsame Figur mit geschmeidigen Bewegungen ist eine erstrebenswerte Schönheit für jede Frau; es sollte daher keine versäumen, der sich die Gelegenheit dazu bietet, sich mit dem Schneeschuh zu befreunden."

Das positive Urteil der Autorin ist für diese Zeit pointiert und nicht weit von der Ansicht des Mathias Zdarsky entfernt. Ein Jahr später wird sie sich in einer anderen Veröffentlichung gegen eine sportliche Ausübung des Skifahrens wenden bzw. Damen, die dies betreiben, angreifen.

„Die Frau und der Wintersport." In: „Der Wintersport in Bayern". München 1909, Seite 53 – 57. Bild aus der gleichen Publikation als Werbung für Steirer Loden. Seite 84

Erlebnis Abfahrt
1908 E. Burgaß (D)
zitiert Ernst Schottelius (D):

„Die Skier gehorchen der leichten Neigung nach vorne, beginnen zu gleiten, schneller, immer schneller! In wahnsinniger Hast huschen die glatten Bretter über stundenweite Schneefelder, immer schneller, noch schneller. Im Ohr liegt nur ein dumpfes Brüllen, wie von einer fernen Brandung und das Auge Was ist das? Plötzlich stehe ich still, aber rund um mich ist alles in wirbelnder Eile; im schimmernden, endlosen Zuge fliegen die Schneehänge und Firnhänge heran, pfeifen unter den Sohlen durch!

„Verschwunden! – neue Ströme speit der Gletscher aus der weißen Unendlichkeit heraus; schauerhaft fliegen schwarze Felszungen zur Seite aufwärts – schließlich ist´s, als drehe sich eine ungeheure weiße Walze unter meinen Füßen – plötzlich steht sie still, und ich fliege ihre Rundung hinab durch einen Schneekessel, auf der anderen Wand hinan. Langsam gleiten die Skier, die Fahrt hat ihr Ende erreicht ... Fünf Minuten schienen die Anker der Schwere gelöst, die Fesseln des Raumes gefallen, einen Tropfen durften wir nippen von dem berauschenden Trank des freien Fluges."

„Winterliche Leibesübungen in freier Luft". In: „Zeitschrift des Deutsch-Österreichischen Alpenvereins 1908", Seite 67

Eine ausnahmsweise breit wiedergegebene Schilderung, wie wir sie in den kommenden zwei Jahrzehnten häufig finden werden. Skitechnisch sind die „Neigung der Ski nach vorne" und die Empfindungen unter den Füßen interessant. Vielleicht einmalig ist die Schilderung der Sinnestäuschung, als ob bei dieser Geschwindigkeit der Fahrer und nicht das Umfeld still stände. Ein Hinweis auch darauf, dass solche Erlebnisse nicht nur persönlich subjektiv sein dürften, sondern dass es auch das Phänomen der Zeitsubjektivität gibt.

Weiblich? Gelenkigkeit!
1909 Mathias Zdarsky (A):

„Reichen die Kräfte der Damen aus? Selbstverständlich, ja! Jedenfalls habe ich beobachtet, daß Gelenkigkeit bei den Anfängern mehr an der Damen- als Herrenseite zu treffen ist, da die Herren viel mehr zur Bockbeinigkeit neigen."

„Skisport. Gesammelte Aufsätze" 1909 Seite 88 f.

Der Altmeister des alpinen Skilaufs klinkt sich in die heftige Debatte des Damenskilaufs ein, wenngleich er wie alle anderen sich vor allem der weiblichen Skikleidung zuwendet. Aber noch lange nach ihm wird man um die weiblichen Voraussetzungen für den Skilauf streiten, zu der er so eindeutig Stellung nimmt.

Bild aus „Deutscher Skilauf". Hrsg. von Carl J. Luther. 1930 (!) Seite 89

Skifahren und Skitechnik erotisch gesehen
1928 Hermann Hesse (D):

„Konnte ich auch noch keine richtigen Touren machen, die Sinne waren mir doch erwacht und so wie ich beim kühl rosigen Abendlicht mit den Augen die Schatten und Mulden der Berghänge ablas, so spürte ich, auf den Skiern, im Abfahren mit allen Gliedern und Muskeln, besonders aber mit den Kniekehlen, tastend die lebendige, wechselvolle Struktur der Hänge nach, wie die Hand eines Liebenden den Arm, die Schulter, den Rücken der Freundin erfühlt, seine Bewegungen erwidert, seinen Schönheiten tastend Antwort gibt…

Ich fahre einen der Hänge hinab, weich in den Knien, fühle die Form der hundert kleinen Terrassen und Wölbungen bis in den Kopf hinauf sich in mich einschreiben, musizieren, mich zu Abenteuern der Liebe und Vereinigung einladend."

(Aus „Winterferien in Arosa")

Der Hinweis auf die Kniekehlen lässt auf die damals verbreitete „Reiterposition" – oder auch „Schaukelposition" genannt – schließen.

Weitere Nobelpreisträger, die Skifahrer waren und Aufzeichnungen über ihre Fahrten und Erlebnisse hinterließen: Fridtjof Nansen, Thomas Mann, Ernest Hemingway, Rudolf Mösbauer.

Hermann Hesse 1937

Der ganze Mensch fährt!
1929 Erich Braunmüller-Tannbruck, Hermann Amanshauser (A)
„Stilgerechter Skilauf ist keineswegs nur eine Sache oder Kunst der Beine! Je früher der Anfänger zu der Erkenntnis kommt, wie sehr er durch richtige Mitarbeit der Arme, Schultern, Hüften, also des ganzen Oberkörpers, sich und seinen Beinen die Arbeit erleichtern kann …"

„Diese eigenartige Mitarbeit des ganzen Körpers, die eigentlich erst den guten Läufer macht und kennzeichnet, läßt sich vielfach mit Worten gar nicht mehr eindeutig beschreiben, ist bis zu einem Grade Gefühlssache, wie etwa der Rhythmus beim Tanzen."
„Das Wunder in Weiß" Text Seite 6 f., Bild Seite 21

Fahrstellung: „ein Ski etwas vorgeschoben, Gewicht auf den Zehenballen, und zwar mehr auf den rückwärtigen Fuß, Knie nach vorne gedrückt und federnd gebeugt".

Vollendete Technik – „Evangelium" der Skifahrtechnik
1930 Josef Dahinden (CH)
Es werden „im tüchtigen Skifahrer alle drei Techniken zur untrennbaren Einheit verschmelzen":
- die Gleitschwungtechnik
- die Stemmschwungtechnik
- die Sprungtechnik

„… um schließlich aus oberster Schau befriedigt und zufrieden über ein vertrautes Land mühevoller Arbeit und glücklichen Genießens hinwegzuschauen über Prosa und Poesie des Skifahrerlebens, und um das Evangelium der gesamten Skifahrtechnik zu tiefinnerst zu verstehen und in stillem Abglanz in unser Alltagsleben hinüberzuspiegeln."
Text: Die „Ski-Schwünge". Seite 32 f., Bild Seite 81)

„Gleitschwung-Kristiania"

Der Willen zum Bogen Verschrauben – Hinweis auf reflektorische Bestimmung
1933 Fritz Hoschek (A):
„Das Verschrauben ist der körperliche Ausdruck für den Willen zum Bogen, sie ist eine automatische Reaktion unseres Bewegungsapparates."
„Ansatz und Ablauf der Bewegung sind weitgehend reflektorisch bestimmt."

Hoschek unterteilt das Verschrauben beim Aufrichten und das Verschrauben beim Tiefgehen. Zusammengenommen ergibt es in der Terminologie der Zeit den Schraubenkristiania.
Verschrauben vom Schultergürtel aus sieht Hoschek bereits beim Stabwechsel bei Mathias Zdarsky.

„Die natürliche Lehrweise des Schilaufens" Texte, Seite 41, 56, 64 und Bildreihen im getrennten Fotoheft Nr. 10, 11, 27, 28, 44. Dort auch die Analyse von Zdarskys Stemmbogen. Text S. 56, Bildreihe Nr. 29 und 30

Göttliches Stockreiten – skifahrende Engel
1932 Olaf Gulbransson (N):
Die Zeichnung im Simplicissimus trägt folgende Unterzeile:
„Seltsam, der liebe Gott ist doch zu konservativ! Er hält noch immer an der altmodischen Stockreitertechnik fest!"
Neben Pflug, Schuss und Flug ist auch ein gewaltiger Drehumsprung zu sehen.
Nach der Zeichnung betreiben auch Engel das Skilaufen.

Das erste Mal, dass der liebe Gott selbst Ski fährt. Die Überschrift über dem Bild lautet entsprechend:
„Skilaufen, ein himmlischer Sport" Dazu passt auch, dass die geflügelten Skispringer aus den Wolken heraus springen. Obwohl Gulbransson offensichtlich ein Kenner des Skilaufs ist, interpretiert er selbst seine Zeichnung falsch. Der liebe Gott ist hier keine Stockreiter sondern ein Einstockfahrer nach Mathias Zdarsky, der den Stock seitlich führt. Für das Stockreiten wäre er auch unpassend gekleidet.

Im Jahrgang 37 des Simpl, Seite 489, wiedergegeben in „Skisport. 2. FIS-Forum in der bildenden Kunst", Seite 29

Abfahrt – ein Gefühl der Göttlichkeit
1940 Felix Riemkasten (D):
„Und dann die Abfahrt! Pulver auf altem Harsch! Es war ein Gefühl der Göttlichkeit im Menschen. Ein leichter Druck, schon schwingen die Bretter herum, schon laufen sie. Bei dem geringsten Wunsch auf Schwung, schon schwingen sie, schon gleiten und laufen sie. Es ging wie ein Strich auf der Geige. Wir waren gar nicht mehr Menschen, es war wie Gedicht und Sage."

Niemand vor diesem Schriftsteller und Künstler hat den Zusammenhang von Gefühl und Bewegung so schön formuliert. Kanadische Experten haben später die „Formel" geprägt „Emotions by Motions – Motions by Emotions." Arturo Hotz spricht von „Snow-Timing" als einem skitechnisch geglückten Moment. Auch mein Begriff der „Ski-Resonanz" versucht einem derartigen stimmigen Erlebnisraum nachzuspüren.

Felix Riemkasten, „Skihasenbrück". Seite 10, Umschlagtitel

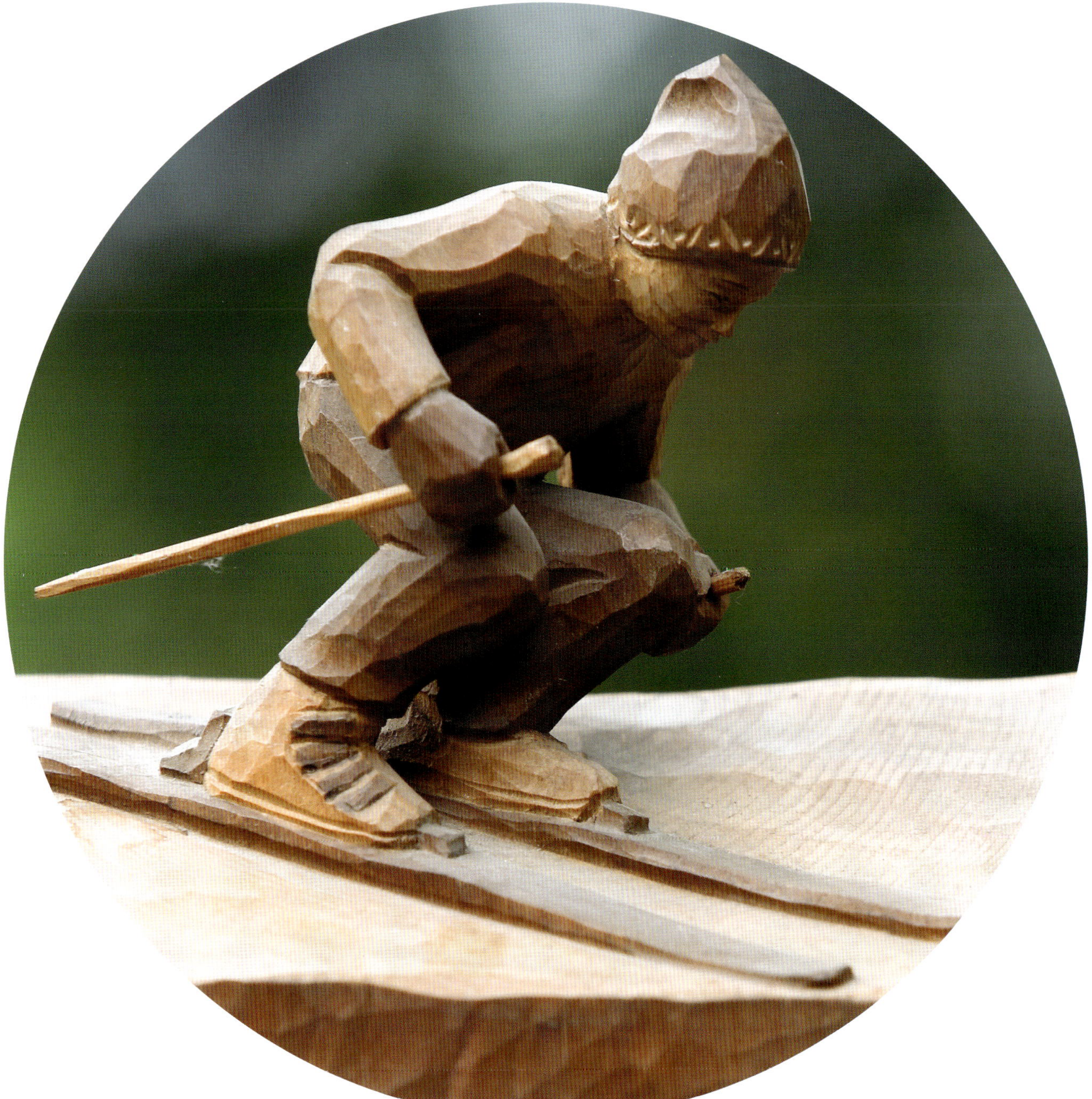

Teil 5

Mit Herz und Phantasie fahren – Zugänge und Einstiege

Voraussage der ständigen Anpassung und des ewigen Wandels
1916 Carl J. Luther (D):
„In dieser immerwährenden Beschäftigung des Schneeläufers mit der Skitechnik liegt ein großer Teil der Reize des Schneelaufes. Über diese Beschäftigung kommt der Schneeläufer nie hinaus, selbst der allerbeste, der Künstler auf Schneeschuhen, wird fortwährend von der Anpassung seiner Hilfen an die wechselnden Verhältnisse in Atem gehalten."

Ein historischer Text! Der junge Luther legt in seinem vierten Buch dar, was 10 Jahre später Arnold Fanck und Hannes Schneider im „Wunder des Schneeschuhs" als Faktoren der ständigen Anpassung präziser festlegen werden. Carl J. Luther weiß aber auch bereits um die ewigen Ambitionen und das immerwährende Streben der Skifahrer.

"Die Schule des Schneelaufs". Stuttgart 1916, Seite 50

Bewegungen von innen her gestalten
Es gibt die allgemeine Wechselwirkung, nach der das Äußere das Innere und das Innere das Äußere beeinflusst. Wenn man mit einer bestimmten Vorstellung oder Einstellung in eine Bewegung hinein geht, so wird das diese Bewegung beeinflussen und mitgestalten.

Sich Bilder vorgeben
- Beschwingt wie eine Tänzerin
- Herangehen wie ein Schwerathlet
- Locker wie ein Langstreckenläufer
- In der Kurve liegen wie ein Sandbahnfahrer
- Flink um die Kurven wie ein Wiesel.
- Durch den Schnee brechen wie ein Stier
- Souverän daher kommen wie ein Bär
- Leicht wie ein Schmetterling über den Hang schweben
- Wie eine Schlange in den Schwung hinein stechen
- Um die Kurven schweben wie ein Adler
- Wie eine Lokomotive seine Spur ziehen

Einstellungen und Stimmungen provozieren
- Ich will ganz ruhig und harmonisch fahren!
- Ich gehe in die Offensive!
- Ich will den Schnee streicheln!
- Alles muss elastisch und rund sein!
- Ich oder der Schnee – einer wird siegen!
- Mein Ski und ich – wir müssen eine Einheit werden!
- Den Rhythmus finden und im Rhythmus bleiben!
- Alles ist Gleiten! Ich fahre wie auf Schienen.

Wie man Hochgefühlen „begegnen" könnte
Hochgefühle zu beschreiben und unter Lehrern zu diskutieren, ist eine Sache, eine notwendige, wie Ute Frevert meint. Hochgefühle für Schüler zugänglich zu machen ist, eine anspruchsvolle Aufgabe des Skiunterrichts. Ich möchte einige Praxisanregungen auflisten:
- In günstige Situationen hineinführen
- Ausdrucksstarke Techniken pflegen
- Stehen bleiben und sich umschauen
- Kleine Hinweise nebenbei geben
- Schüleräußerungen für eine Situation anregen, provozieren
- Den eigenen Gefühlen Raum geben und sich äußern
- Auf die nonverbale Kommunikation und auf Gefühlsübertragung setzen
- Gelegentlich im Unterricht am Hang oder am Abend, in der Stehpause, im Thekengespräch auch Gefühlsworte vorbringen und reflektieren
- Mit Frühstückskarten Erlebnisse vorbereiten

Vielleicht sind auch einige allgemeine Strategien, wie man nichttechnische Lernziele im Unterricht angehen kann, hilfreich. Im Skilehrplan 8 „Skiunterricht" von 1987 habe ich z. B. methodische Arrangements und Lernzielverknüpfungen vorgeschlagen und den Kairos, den günstigen Moment, der „pädagogischen Situation" ins Blickfeld zu rücken versucht.

Skadi, die nordische Göttin des Skilaufs, verfolgt von einer Möwe. In Skandinavien steckt Skadis Name. Figur um 1900

Kurzlehrgang Carven – bildstark und emotional

(Aus: „Skifahren – einfach schön." Von Walter Kuchler und Dieter Menne)

Rat 1: Wechseln Sie die Stellung der Ski und der Kanten sehr schnell.

Im Ergebnis sollten die Hüftachse parallel zur Querachse von Ski und Knöchel stehen, der Oberkörper aber frontal ausgerichtet sein.

Unser Bild: Wir lösen uns vom Hang und wenden uns der Tiefe zu.

Rat 2: Halten Sie die Hände nicht einfach vor.

Angeboren ist uns die Kreuzkoordination von Schritt- und Armwechsel: linker Ski und rechter Arm vor. (Die Armblockade ist wie die Außenskibelastung ein Überbleibsel der alten Technik.) Ohne Stöcke machen Sie es genau so oder Sie tauchen wie meist die Snowboarder mit beiden Händen in den Schwung hinein.

Der Schwungwechsel hat etwas Radikales, Entschiedenes an sich. Entschlossenes Handeln.

Rat 3: Kippen Sie im Wechsel am besten aus der Hüfte in die neue Kurvenlage.

Mit den Knien ginge es zwar sehr schnell, aber die Knie sind als Scharniergelenk auf die Dauer dafür nicht geeignet. Außerdem funktioniert das schlecht, wenn höhere Kräfte zu bewältigen sind. Also Hüftcanting statt Kniecanting.

Zu Kippen gehört immer Mut, manchmal sogar Kühnheit.

Rat 4: Gehen Sie möglichst horizontal mit ihrem Schwerpunkt von einer Seite auf die andere.

Hochbewegungen verzögern den Kantenwechsel.

Wie ein Scheibenwischer fegen wir über den Hang und Schnee, von einer Seite zur anderen.

Rat 5:
Versuchen Sie, den Ski durch den ganzen Schwung gleichmäßig unter Druck zu halten, damit Ihre Kante gut führt. Wiederum sind Hochbewegungen nicht so günstig.

Um Druck und Gegendruck zu fühlen, zu egalisieren, müssen wir von der Fußsohle bis in die Fingerspitzen sensibel sein.

Rat 6: Suchen Sie, so bald wie möglich eine starke bis extreme Kurvenlage einzunehmen.
Das führt zu einem hohen Aufkantwinkel, erhöht die Selbstführung des Ski und macht Lust.

Kurvenlagen – und der Stauchdruck – sind mit die stärksten Gefühle. Man kann danach süchtig werden.

Rat 7: Gehen Sie von der vornehmlichen Außenskibelastung öfter weg
und wechseln Sie zur Belastung beider Ski oder gar – vor allem zu Schwungbeginn – zur Belastung des Innenski. Hier dürfen wir uns nicht indoktrinieren lassen. Experimentieren Sie und genießen Sie die Variation!

Rat 8: Bewegen Sie sich gelegentlich auf dem Ski vor – mittig – zurück.
Experimentieren Sie damit und Sie werden tolle Effekte finden. Man kann beispielsweise mit der Schaufel zugreifen oder von hinten heraus beschleunigen.

Spielen Sie auf ihrem Ski wie auf einem Musikinstrument.

Rat 9:
Für Umsteiger aus alter Technik fällt der Anfang ohne Stöcke leichter. Wer wie Snowboarder Carven will, lässt ebenfalls die Stöcke weg.

Manchmal ist ganz leicht, was schwer scheint. Toppen Sie die Snowboarder!

Rat 10: Achten Sie von Anfang auf typische Carvinggefühle
- Gleiten vom Schwunganfang bis zum Schwungende.
- Kühnes Kippen und Hinabstürzen
- Kurvenlagen ausreizen und genießen
- Schweben durch den Raum
- Den Stauchdruck suchen und bestehen.

Rat 11: Beschleunigen Sie im Schwung
- durch „Innen-Anschneiden
- durch Vorauskippen, ein „Überkippen"
- Der Innenski wird Sie wieder auffangen

Das Spiel mit Aufgeben des Gleichgewichtes im Kippen und Wiederfinden nach der Falllinie ist raffiniert.

Rat 12: Fahren sie nach Spur- und Technikplan
- kurze und lange Schwünge
- langsame und schnellere Schwünge
- mit verschiedenen Skibelastungen
- mit Versuchen nach exzessiven Kurven
- auf der Suche nach Beschleunigungen
- mit Steigerungen durch Expression.

Lernen – einfach und lustvoll

Allein oder im Skikurs können viele Wege angegangen, gefahren, erträumt werden, um in die Welt der Gefühle und der Schönheit des Skifahrens einzutauchen. Ich möchte einige skizzieren.

Mit bildhaften Namen fahren

Durch die Geschichte der Skitechnik zieht sich auch eine lange Liste von Schwungnamen. Manche davon sind nach der auslösenden Aktion benannt, wie beispielsweise der Drehschwung, der Kippcarver und neuerdings der Rebounder. Lang jedoch ist die Liste mit metaphorischen Namen, also mit einem Bild, das den gesamten Schwung erfasst.

Schon beim Erlernen haben die Schwünge mit Bildnamen die Vorteile, dass sie beinahe umfassend das Lernziel vorgeben. Techniken mit Bildern prägen sich ein und bleiben unvergessen. In Erinnerungen werden sie wieder lebendig. Sie stehen vor unseren Augen, laufen mental vor uns ab, werden wieder lebendig und können so immer wieder abgerufen werden. Ich erinnere an den frühen Looping (1911!), an den Schraubenkristiania, an den Temposchwung, an das Engeln oder den Flieger, an den Schlangenschwung, an den Geflogenen Hund und an das unvergessliche Bild des Wedelns in Anknüpfung an das freudige Schwanzwedelns des Hundes. Was uns jedoch hier besonders interessiert, ist die Tatsache, dass viele Bildnamen nicht nur gewählt sind, weil sie zutreffend sind, sondern auch weil sie positiv aufgeladen sind. Sie transportieren zugleich Gefühle und erfassen Strukturen.

Bildnamen sind häufig positiv mit Gefühlen aufgeladen und vermitteln Strukturen.

Mit Gefühlsprovokationen herangehen

Die Autosuggestion beim mentalen Training, vor Beginn einer Fahrserie, ruft Auftrag und Ziel ab. Du sollst, du musst rhythmisch, energisch, kraftvoll herangehen. Du darfst nicht zögern und du brauchst keine Angst haben.

Wer sich selbst provoziert, stößt Gefühle an und gibt sich Vorgaben.

Provokationen können heftige Auslöser von Gefühlen sein und bauen Vorstellung auf.

Mit Marking vorarbeiten

Wir haben von den Balletttänzerinnen und – „Tänzern gelernt, dass ein Handmalen mit dem Zeigefinger oder der Hand in die Luft, selbst wenn es nur so ungefähr sein sollte", hilfreich für die kommende Aktion ist. Und als Skifahrer sehen wir gelegentlich wie die Rennfahrer vor dem Start auch noch mit der Hand, häufiger noch mit Kopfbewegungen den Kurs nochmals im Voraus durchfahren. Immer hängen dann schon neben der Konzentration auch die Vorstellungen dran.

Marking löst Gefühle und Vorstellungen der kommenden Fahrt aus.

Mit Mantras Schwingen

Nicht nur gebetsmühlenartig durch den Tag und die Welt reisen, sondern auch in dieser Art Schwung auf Schwung ziehen. Ein Mantra besteht in einer guten Formel, in einem Befehl, einer Botschaft des Versprechens. Mantras begleiten die Fahrt, Mantras tragen die Fahrt

Auf Memorystation zurückblicken

Wir kennen das vor allem von den Tiefschneefahrern, wenn Sie unten am Hang angekommen sind und zurückblicken auf Ihre Spur. Eine Station des Prüfens und des Nacherlebens. Auch auf der Piste bleiben wir oft stehen und blicken prüfend zurück. Dabei sollte es uns nicht nur um Fehler gehen, sondern um ein Genießen, ein erinnerndes Nacherleben.

Eine Memorystation bringt Nacherleben und verankert Geleistetes im Gedächtnis.

Mit Figurationen sich verwandeln

Bedenkt man und versucht man die vielen Positionen und Aktionen des Skifahrens muss man sich als echter Künstler, auch als Verwandlungskünstler, fühlen.

Ist nicht die Körpersprache die ausdrucksstärkste Sprache der Welt? In schönen Formen sagt sie, was Sache ist.

Mit Spielen sich öffnen

Im Spiel überlagern sich allgemeine gute Gefühle wie Freude und Begeisterung mit speziellen Bewegungsgefühlen. Wir probieren auch fast ohne Überlegung Neues.

Skifahren ist Spiel mit dem Schnee, dem Ski und mit sich selbst. Immer ein Erlebnis.

Mit Engagement fahren – Expression und Exzession in der Technik
So richtig hoch gehen Gefühle erst, wenn man sich vornimmt, etwas besonders gut und besonders ausdrucksstark zu machen. Manchmal sollte man sich fordern, an die Grenze des eigenen Könnens zu gehen – vielleicht gelingt dann erstmals etwas neu.
Wer will nicht glänzen? Nicht nur vor den anderen – auch für das eigene Selbst.

Mit choreographischen Fahrten sich öffnen – Das WIR gerade in ästhetischer Gemeinsamkeit er-fahren
Wer choreographisches Fahren mitgemacht hat, erlebte, wie einen das trägt, wie man mitgerissen wird, wie man in seiner Fahrkunst über sich hinauswachsen kann.
Das WIR hat plötzlich eine neue Farbe bekommen.

Mit einer bestimmten Fahrtechnik oder auch nur einem Detail Gefühlen und Expressionen nachspüren – beispielsweise einer starken Kurvenlage
Allgemein sich gut fühlen ist gut. Aber so richtig aufgehen in Gefühlen kann man oftmals erst, wenn man sich auf eine Sache, ein Detail, ein kleines Technikelement konzentriert.
In der Fahrt wie in der Phantasie: Das Besondere prägt gerne das Ganze.

Mit der guten Gelegenheit rechnen – Gelegenheiten achten und beachten
Im Eifer, den Tag zu nutzen, gönnt man sich kaum ein Stehenbleiben. Dabei breiten sich in dem kurzen Halt erst die Gefühle richtig aus. Plötzlich sieht man auch das Stäuben des Schnees und den Bergkranz. Skiseligkeit breitet sich aus. Die alten Griechen nannten das, den Kairos, den richtigen Augenblick, die Gunst der Stunde nutzen.

Nicht nur Fahren – auch Stehenbleiben.
Dann erst können Gefühle uns richtig durchfluten.

In Wachträumen schwelgen – Erinnerungen pflegen
Persönliche Erzählung: Oftmals lag ich im Sommer beim Baden an dem kleinen Waldfluss Ilz. Und ich träumte vom Skifahren. Als ich dann zu Winterbeginn erstmals wieder auf Ski stand, war ich mir sicher, inzwischen besser geworden zu sein als im vergangenen Winter. Als ich dies einem künstlerisch begabten Freund erzählte, malte er mir in Öl ein Bild: weites Wasser, großer Wolkenhimmel, durchzogen von Skispuren.
Träumen ist schön und Träumen hilft.

Mit Erzählungen vertiefen und ausschmücken – beim 5-Uhr-Tee, beim Erzählen daheim, beim Treffen
Wer hat das nicht schon erlebt: In Erinnerungen werden Spuren noch exakter, das Tempo noch schneller, der Hang noch steiler.
Gönnen wir uns den goldenen Rahmen der Erinnerung.

Literaturverzeichnis

Aichinger, J., Zur Entwicklungsgeschichte des Alpinismus und des alpinen Schneeschuhlaufs. In: Zeitschrift des Deutschen und Österreichischen Alpenvereins. Bd. 50, Jg. 1919

Alpine Stil- und Vortragsblüten. In: Der Bergsteiger. Wien 1928

Amanshauser, Hermann in „Der Winter" 1925/26". München

Baganz, M., Von der Eignung zum Skiläufer. In: Der Winter. Jg. 1927/28,

Balzac, Honoré, Seraphita. Reprint von 1834, Bremen, 2013.

Baumgärtner J., Karl Sandtner, Schneeschuhfahrten in den Niederen Tauern. In: Zeitschrift des Deutschen und Österreichischen Alpen-Vereines 2011.

Betsch, Roland, Gott in der Lawine. München 1931

Betsch, Roland, Narren im Schnee. Berlin 1935

Betsch, Roland, Herzen im Schnee. Stuttgart 1940

Bildstein, Sepp, Wettläufe. München 1913, (Bild aus dem Inserentenanhang)

Blab, Georg, Anleitung zur Erlernung des Schneeschuhlaufens. München 1885

Braunmüller-Tannbruck, Erich, Hermann Amanshauser, Das Wunder in Weiß. 1929

Burgaß, E., Winterliche Leibesübungen in freier Luft. In: Zeitschrift des Deutsch-Österreichischen Alpenvereins 1908, Seite 67

Caulfeild, Vivian, Rezension in: Ski-Chronik 1910/11. Jahrbuch des Mitteleuropäischen Skiverbandes. Seite 206

Cratty, Bryant J. Motorisches Lernen und Bewegungsverhalten. Frankfurt a. M. 1975

Csikszentmihalyi, Mihaly, Das flow-Erlebnis. Stuttgart 1985

Dagfinn Carlson, Der Skilauf. 1925

Dahinden, Josef Die Ski-Schwünge und ihre Gymnastik. München 1930

Dahinden, Josef: Die Skischule. Stuttgart 1925

Dahinden, Josef, Die Ski-Schwünge". München 1930

Dahinden, Josef, Ein launiges Vorwort. In: Ski und Du. Zürich 1936

Dahinden, Josef, Ski und Du. Zürich 1939

Dahinden, Josef, Skisport und Körperkultur. In: Der Bergsteiger. Jg. 6, Wien 1928

Drexel, Gunnar, Persönlicher Stil und Glückserlebnisse im alpinen Skilauf – Zum Prinzip der Individualisierung und zu dessen Anwendung auf „Stilzentriertes Drehen. In: Skilauf und Snowboard in Lehre und Forschung (11), Red. Gustav Schoder. Hamburg 1995

Eitel – siehe Tenner

English, Charlie, Das Buch vom Schnee. London 2009

Fanck, Arnold und Hannes Schneider, Wunder des Schneeschuhs. Hamburg. 3. Aufl. 1928, Seite 83

Fendrich, Anton, Der Skiläufer. Stuttgart 1908

Fischer, Hans, Hinze Haugh, der Schneeschuhfahrer. In: Der Bergsteiger. Wochenschrift für Bergsteigen, Wandern und Skilaufen. Wien 1928, Seite 89f.

Fischer, Hans, Fahrt durch die Bäume. In: Es leuchtet der Schnee. München 1934

Fischer-Stockern, Hans, Ski, sie und Julius. München 1935

Flückiger, Alfred, Schneevolk. Zürich 1934

Flückiger, Alfred, Die jauchzende Winterlust, Zürich 1943

Frevert, Ute, Vergängliche Gefühle. Göttingen 2012

Gfrörer, Lothar, Skilehrer – Skitrainer, zweierlei Entwicklungsstufen". In: Deutsche Sportlehrer-Zeitung. Berlin, 1934, 9. Jg., Nr. 10, Seite 143f.

Galahad, Sir, Die Kegelschnitte Gottes. Zitiert bei Carl J. Luther, Skilaufen. Kreuz- und Quersprünge im Schnee. Wien 1923

Gallian, Julius und Dr. Ernst Hanausek, Schifahrten um das Seekarhaus. In: Zeitschrift des Deutschen und Österreichischen Alpen-Vereins 1930

Gattermann, Erhard siehe Walter Kuchler

Grüneklee, Alfred – siehe Walter Kuchler

Grüneklee, Alfred und Herbert Heckers, Skifahren – So wie ich es mag! In: Skifahren und Snowboarden heute. SPORTS Schriftenreihe zum Wintersport 19. Hrsg. von Alfred Grüneklee und Herbert Heckers. Düsseldorf 2005, Seite 96 – 107

Gulbransson, Olaf: Im Jahrgang 37 des Simpl, Seite 489, wiedergegeben in Skisport. 2. FIS-Forum in der bildenden Kunst, Seite 29)

Haidvogel, Carl Julius, Bundschuh. Wien, Leipzig 1939

Hanausek, Ernst – siehe Julius Gallian

Harper, Frank, Skiing Naturally. New York 1949

Heckers, Herbert – siehe Alfred Grüneklee

Hellwing Wolf und Walter Kuchler, Skiwandern. Reinbek b. Hamburg 1991

Hemingway, Ernest, Paris. Ein Fest fürs Leben. Reinbek bei Hamburg 2011

Hesse, Hermann, Winterferien. Suhrkamp. Frankfurt. a. M. 1927

Hoek, Henry, Schnee, Sonne und Ski. 2. Aufl. Leipzig 1927

Hoek, Henry, Skiheil, Kamerad! Skikurs für eine Freundin. Hamburg 1934

Hoek, Henry, Moderne Wintermärchen. München 1926

Hoek, Henry, Abfahrt. Berg und Winterlieder. In: Der Bergsteiger. Wochenschrift für Bergsteigen, Wandern und Skilaufen. Wien 1928, Seite 5

Höhnisch, Werner, Erfahrungen mit den neuen Möglichkeiten. In DER WINTER 1928/29 Seite 153

Hoschek, Fritz, Die natürliche Lehrweise des Schilaufens. Wien 1933.

Hoschek Fritz, Das natürliche Schwungfahren. In: Leibesübungen und körperliche Erziehung, Heft 1, 1937, Seite 17-23

Hotz, Arturo – siehe Karl Mülly

Hundhammer, Theodor, Eurhythmie auf Skiern. BoD, Norderstedt 2015

Jaeggie, Dory, Frohe Stunden im Schnee. Hrsg. vom Schweizerischen Damen-Skiklub

Joubert, Georges, Ski-Handbuch. Bad Homburg 1981

Kandahar-Kalvakade. In: „Spur im Schnee. Jahrbuch des Fachamtes Skilauf im Deutschen Reichsbund für Leibesübungen". 1938. Text Seite 105, Bild Seite 67

Klopstock, Friedrich Gottlieb: 1767 in einer seiner fünf Eislaufoden. Zu finden bei Chris. Siegm. Zindel, Der Eislauf oder das Schlittschuhfahren. Nürnberg 1825, Seite 95

Kost, Helmut, Lob des Skilaufs. In: Der Winter. XXI. Jg. 1927/28, Seite 9

Kost, Helmut, Wintersport. In: Die deutschen Leibesübungen, hrsg. von Edmund Neuendorff. Essen 1927, Seite 600

Katscher, Rudolf, Skilehrbriefe an Sie. Wien 1926

Kiesow, Jörg – siehe Walter Kuchler

Kuchler, Walter, Skitheorie. Skilehrplan Band 5. München 1972

Kuchler, Walter, Skilauf alpin: Vom Gängelband zur Selbsterfahrung. In: Sportunterricht 5 – 10. Hrsg. von Wolf-D. Brettschneider. München 1981, Seite 159 – 180

Kuchler, Walter und Erhard Gattermann, Wedeln – Umsteigen – Universeller Skilauf. Böblingen 1984

Kuchler, Walter, Von den Spielschwüngen zu einer Skipädagogik. In: Faszination „Ski" auch in der Schule. Grundlagen-Ideen-Konzepte. Schulskikongress 1985. Red. Arturo Hotz. Stäfa/Schweiz 1985, Seite 123 – 126

Kuchler, Walter, Skizirkus. Böblingen 1985

Kuchler, Walter, Bewegungsgefühle – Gefühle mit eigener Identität. In: Perspektiven 4+5 – Dortmunder – Schriften Sport. Erlensee 1987, Seite 128 – 166

Kuchler, Walter mit Erhard Gattermann und Hans Janda, Mann schwingt nur mit dem Herzen gut. Deutsches Referat beim Interskikongress in Banff/Kanada. Kongressbericht 1987 – Auch in Perspektiven 4+5 – Dortmunder -Schriften Sport. Erlensee 1987, Seite 166 – 185

Kuchler, Walter, Skiunterricht. Skilehrplan Band 8. München 1987

Kuchler, Walter, Die neue Skitechnik. Reinbek b. Hamburg 1989

Kuchler, Walter, Skitechnik international. 14. Interskikongress. Köln 1991

Kuchler, Walter, Ski-Tricks, Reinbek b. Hamburg 1991

Kuchler, Walter, SuperSki – radikal radial. Skilehrplan von SPORTS. Köln 1995

Kuchler, Walter, Skirevolution Carving. Die neue Lust am Skifahren. Werne 1997

Kuchler, Walter, Carven. Der Skikurs für Einsteiger und Umsteiger. Reinbek b. Hamburg 1998

Kuchler, Walter, Unterrichtskarten. Verbandsinterne Veröffentlichung 2005

Kuchler, Walter, Lebendige Skigeschichte. 60 Schwünge zum Nachfahren. DVD von Jörg Kiesow 2007

Kuchler, Walter; Frühstückskarten. Verbandsinterne Veröffentlichung 2008

Kuchler, Walter und Hubert Fehr, Heiß auf Weiß. Düsseldorf 2008

Kuchler, Walter, Skifahren – einfach schön. Dortmund 2015

Kuchler, Walter, Skifahren, gesund, schonend und sicher. Skilehrplan SPORTS Band 1. Dortmund 2016

Kuchler, Walter und Alfred Grüneklee, Zeitzeichen Ski alpin. 100 Flugblätter von SPORTS. Dortmund 2017

Lantschner, Hellmut, Tempo- Parallelschwung. Berlin, 1936

Mann, Thomas, Der Zauberberg. Frankfurt am Main 2015

Leem, Knud, Beskrivelse over Finnmarkens Lappen, 1767, wiedergegeben bei Olav Bo „Norsk Skitradisjon" 1966

Leutelt, Rudolf – siehe Felix Riemkasten

Luther, Carl J., Die Schule des Schneelaufs. Stuttgart 1916

Luther, Carl J., Der moderne Wintersport. Leipzig 1912

Luther Carl J., Skiläufer.1934

Luther, Carl J., Skilaufen. Kreuz- und Quersprünge im Schnee. Wien 1923

Luther Carl J., Hrsg. Deutscher Skilauf. München 1930, Text Seite 86, Bild Seite 89

Malter, A., Schreiten und Schwingen. In: Der Winter 1932/33. München, Seite 97-100

Matthias, Eugen – siehe Giovanni Testa

Mehl, Erwin, Grundriß der Weltgeschichte des Schifahrens. Schorndorf b. Stuttgart 1964, Seite 71 – aus der Sammlung Thule

Moehn, Arwed, Ski-Hochtouristik. In: Durch Pulver und Firn. Das Buch der deutschen Skiläufer. Jahrbuch 1940/41, Seite 54-62

Morgenthaler, Hans, Aus dem Tagebuch eines Skifahrers. In: Ski. Jahrbuch des Schweiz. Skiverbandes, 1915, Seite 5

Moscher, Erich, Die Handschrift im Schnee. In: Stefan Kruckenhauser. Festschrift 1985,

Mülly, Karl, nach einem imaginären Interview von Arturo Hotz, Ein Gleichgewichtsgefühl, das körperlich, geistig und seelisch bedingt ist. In Ideen – Hoffnungen – Illusionen. Rückblick auf 69 Jahre Turn- und Sportlehrer/innen-Ausbildung an der ETH Zürich. Zürich 2005, Seite 231

Mumelter, Hubert, Sonne, Ski und Pulverschnee. Leipzig 1939

Nansen, Fridtjof, Auf Schneeschuhen durch Grönland. 1. Bd. Hamburg 1891

Norberg-Schulz, Christian, „Schnee" in Winterlang. Von Munch bis Gulbransson 1994

Norsk Idraetblad – siehe Walter Umminger

Olaus Magnus, Beschreibung allerley Gelegenheyte / Sitten / Gebräuche und Gewohnheyten der Mitnächtigen Völker. Texte und Bilder Seite 9, 75, 77 und 91 der deutschen Ausgabe von 1567 (Erstausgabe lateinisch 1555)

Paulcke, Wilhelm, Berge als Schicksal. München 1936. (Erinnerungen an 1885), Seite 47

Plamper, Jan – siehe Scheer, Monique

Platte, Karl-Heinz, Praxis und Theorie, Skimanual SPORTS 2014/2015

Praschl, Peter, Lesen ist auch nur ein Geschäft. In: WELT AM SONNTAG vom 2.12.2018, Seite 58

Reuel, Fritz, Neue Möglichkeiten im Skilauf. Stuttgart 3. Aufl. 1929

Riemkasten, Felix, Skihasenbrück, Innsbruck 1942

Riemkasten, Felix und Rudolf Leutelt: Skilauf mit Lachen leicht zu lernen. München 1933

Rössel, Gottfried, Sonne, Schnee, Schilauf, Linz, 1946

Rother, Rudolf (?), Bergsteigen und Skifahren München, 1929

Roelli, Hans, Winterlob. Arosa, 1926

Roelli, Hans, Erster Schnee. In: Der ‚Bergsteiger. Wochenschrift für Bergsteigen, Wandern und Skilaufen. Wien 1928, Seite 355

Roelli Hans, Ski. Jahrbuch des Schweiz. Skiverbandes 1932, Seite 98

Roelli, Hans, Vorwort zu „Ski und Du" von Josef Dahinden. Zürich 1936

Sandtner, Karl – siehe J. Baumgärtner

Saxo Grammaticus (1150 – 1220) berichtet vor allem über das 9. Jahrhundert:Saxo Grammaticus – Gesta Danorum. Vollständige, übersetzte und kommentierte Ausgabe von Hans-Jürgen Hube. Wiesbaden 2004. Seite 40,

Scheer, Monique, Wissender Körper, Are Emotions a Kind of Practice? Zit. bei Jan Plamper, Geschichte und Gefühl. Grundlagen der Emotionsgeschichte. München 2012, Seite 422 f.

Schmidt, Hans Walter, Im Bannkreis des Weißen Todes. Berlin-Steglitz 1922

Schneesport Schweiz, Hrsg. vom Schweizerischen Interverband für die Schneesportlehrerausbildung. Autoren **Riet Campell, Pius Disler, Arturo Hotz, Urs Rüdisühli** (Druck in Stans) 2000

Schneider, Hannes – siehe Arnold Fanck

Schupp, Luise, Die Frau und der Wintersport. In: Der Wintersport in Bayern. München 1909. Seite 53 – 57

Schweikle, Johannes, Schneegeschichten. Tübingen 2015

Shiffrin, Mikaela in einem Interview in der Süddeutschen Zeitung vom 10.2.2015, Seite 29

Spieß-Werdenigg, Nicola (A), Wir sind Weltmeister. Periodikum Edelwiser 07/0, Seite 140

Stockern, A. von, Die Scharte. In: Große Welt im Schnee. München 1930, Seite 51-58

Straus, Simon – in seinem Bericht zum 50. Historikertag „Gefühle werden völlig unterbewertet." In: FAS vom 28. Sept. 2014 Nr. 39, Seite 40

Strubel, Antje Rávic, Unter Schnee. München 2001

Strubel, Antje Rávic, Gebrauchsanweisung fürs Skifahren. München 2016

Tenner und Eitel in: Stadion. Das Buch von Sport und Turnen, Gymnastik und Spiel. Berlin 1928, Seite 205

Testa, Giovanni und Eugen Matthias, Natürliches Skilaufen. München 1936

Thirring, Hans in „Skileben in Österreich". 1938, Seite 107

Thirring, Hans, Aerodynamischer Skilauf. Wien 1938

Tursky, Franz: Höhenzauber. München 1940

Umminger, Walter, Sport Chronik – 5000 Jahre Sportgeschichte". Berlin 2000, Seite 150 f. Bericht der Wochenzeitschrift „Norsk Idraetblad"

Valvasor, Freiherr Johann Weichard. 1689 Bericht des über das Skifahren auf der Bloke (Slowenien) Texte bei Erwin Mehl, Grundriss der Weltgeschichte des Schifahrens. 1964,Seite 130 f.

Vorweg, O., Das Schneeschuhlaufen. Warmbrunn 1893

Weber, Christian, Ski fahren. München, DTV 2002, Seite 122

Welsch, Wolfgang, Mensch und Welt. München 2012

Zdarsky, Mathias, Skisport. Gesammelte Aufsätze. Wien 1908

SPORTS positioniert sich

Die Vereinigung ist seit 1987 maßgeblich an der Übernahme der Carvingtechnik aus dem Rennlauf und der Verbreitung des Carvingski beteiligt. Die Vorzüge beider haben wir auf den Freizeitskilauf übertragen und zugleich klassische Techniken damit optimiert. Folglich kam es auch zu Neuausrichtungen im Unterricht und selbst zu neuen Methoden. Mehr als bisher stehen Offenheit, Vielfalt, Individualisierung und Selbsterfahrung im Mittelpunkt. Unsere Lehrer mussten sich neu erfinden.

Ein Beispiel: SPORTS bekannte sich als erste Organisation zum Einsatz von Supershorties und Shorties.

SPORTS publiziert

Diese Positionen stellt SPORTS mit 27 Büchern und zahlreichen Videos und DVDs vor. Das jährlich erscheinende SKIMANUAL SPORTS ist unsere aktuellste Form der Präsentation. Ab 2017 beginnen wir mit einer neuen Lehrplanreihe. Zunächst die Bände 1 „Skifahren gesund, schonend, sicher" und Band 5 „Skilexikon".

SPORTS lädt ein

- zum SPORTSmeeting im Frühjahr
- zum SCHNEESPORTFORUM Anfang Dezember
- zum SPORTSkongress alle zwei Jahre mit Universitäten, schulischen oder gesundheitlichen Einrichtungen
- zu Kursen mit über 40 verschiedenen Angeboten wie beispielsweise
  - für Aus- und Fortbildungen,
  - für Seniorinnen und Senioren,
  - mit Schwerpunkt gesundheitsbewusstes und schonendes Skifahren,
  - mit Schwerpunkt Skifahren im Freundeskreis,
  - mit Schwerpunkt Kinder und Familienskilauf.

Umfassende Informationen finden Sie in unserem jährlichen Programmheft und auf **www.sports-ski.eu**

Neue Bücher von Walter Kuchler

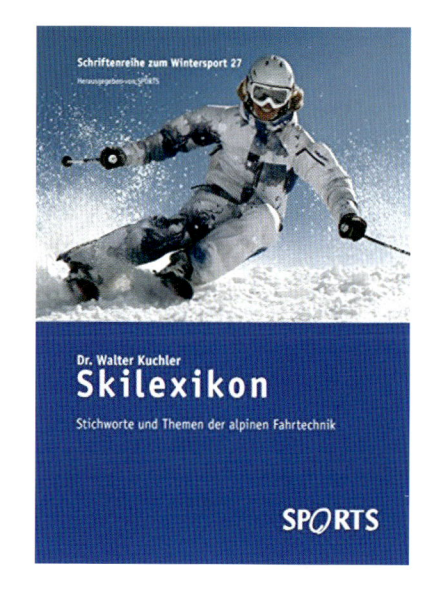

Dr. Walter Kuchler – Skilexikon
Stichworte und Themen der alpinen Fahrtechnik
12,90€

Dr. Walter Kuchler – Skilehrplan SPORTS
Skifahren gesund, schonend und sicher
Ein Handbuch für Skilehrer und gesundheitsbewusste Skifahrer
19,90€

Walter Kuchler / Dieter Menne – Skifahren – einfach schön
19,90€

Dr. Walter Kuchler, Alfred Grüneklee – Zeitzeichen Ski alpin
100 Flugblätter von Sports
19,90

Druck und Verlag
Ski Media in Wulff GmbH
Lütgendortmunder Str. 153
Telefon 0231 6990300
Fax 0231 69903030
e-mail info@druckerei-wulff.de

SKISCHULE OBERHARZ
BRAUNLAGE / WURMBERG

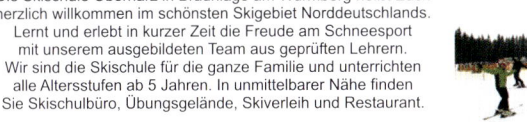

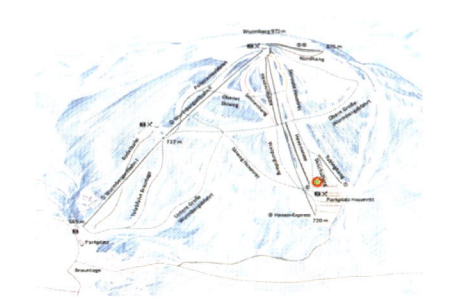

Die Skischule Oberharz in Braunlage am Wurmberg heißt Euch herzlich willkommen im schönsten Skigebiet Norddeutschlands. Lernt und erlebt in kurzer Zeit die Freude am Schneesport mit unserem ausgebildeten Team aus geprüften Lehrern. Wir sind die Skischule für die ganze Familie und unterrichten alle Altersstufen ab 5 Jahren. In unmittelbarer Nähe finden Sie Skischulbüro, Übungsgelände, Skiverleih und Restaurant.

www.skischule-oberharz.de

Andi Hickmann
38700 Braunlage / Harz
Tel. 0176 - 200 174 50

SNOWONLINE.DE
DEUTSCHE MITTELGEBIRGE
TOP SKIGEBIET
BRAUNLAGE

KLÜHSPIES

Wir sind Partner von

SPORTS

Bei uns reist jeder 12. frei!
Flexible Freiplatzregelung möglich!

Der **Marktführer** für **Ski-Klassenfahrten** und der **Spezialist** für **Ski-Gruppenreisen**

Klassenfahrten
- preisgünstigste Komplettangebote (inkl. Bus, Unterkunft, Vollpension, Skipass)
- in TOP-Ski-Regionen
- schulgerecht und risikolos
- jeder 12. reist frei
- Partner von SPORTS, des westdeutschen Skiverbandes und des Schulsportkonzeptes des DSV

Ski-Gruppenreisen
- TOP-Ski-Regionen in den Alpen
- Busfahrt ab 10 Personen buchbar
- Unterkünfte jeder Kategorie, vom preiswerten Jugendgästehaus bis zum komfortablen 4-Sterne-Hotel
- individuelle Freiplatzregelung möglich
- perfekte und unkomplizierte Abwicklung

Bildquelle: www.shutterstock.com

Klühspies Reisen GmbH & Co. KG

Ohler Weg 10
D-58553 Halver-Oberbrügge

Telefon: +49 (0) 2351 / 97 86-416
Telefax: +49 (0) 2351 / 78 60 78

info@kluehspies.com
www.kluehspies.com

Sicherheit für Ihr Dach im Winter

SF CONTROL

SNOW *protect*

DAS Schneelastwarnsystem, Ihre Vorteile auf einen Blick:

- Einfache, schnelle Montage
- Kein Eingriff in die Dachkonstruktion
- Energieautark durch Solarpanel und integriertem Akku für mindestens 160 Std. Laufzeit
- Kompakte Bauweise 50 x 50 x 100 (b l h in cm) bei etwa 20kg
- Exakte Messung in Kg/m²
- Individuell einstellbare Warn- und Alarmgrenzen
- Benachrichtigung im Warn- und Alarmfall per E-Mail und SMS
- Rund um die Uhr Überwachung per Internet Datenmonitoring
- Automatische Fehlerüberwachung des Systems
- Erweiterbares System: Windmesser, Stauwassermelder, Niederschlagssensor, Signalhorn, Webcam, optischer Alarm, vollautomatisches Dachabtausystem

Die SNOW *protect* Schneewaage ist flexibel einsetzbar, komplett energieautark, preisgünstig, wartungsfrei und ausfallsicher.

Gerne beraten wir Sie zu Ihrer Sicherheit auf Ihrem Dach.
WIR KENNEN DEN SCHNEE!

Hergestellt in Bayern

SF-Control GmbH • Leißstraße 6 • 83620 Feldkirchen-Westerham
www.schneewaagen.com • +49 8063 2071910 • info@sf-control.com

Sicherheit für Ihr Dach im Winter

SF CONTROL

SNOW *protect*

Für eine exakte Abbildung der Schneeverhältnisse und des Gewichtes auf einem Dach wurden von uns u.a. schon folgende Faktoren berücksichtigt:

- gleichmäßige Verteilung im Wägebehälter
- Einbeziehung der Abwärme von Dächern
- Windfluss und Windwiderstand
- Einbeziehung der Dach-Abwärme
- Einbeziehung von Schneeverwehungen
- Schutz vor Festfrieren der Messanlage
- Standfestigkeit des Wägebehältnisses auch bei starkem Sturm

All das, und die jahrelange Entwicklungszeit, ist in die Konstruktion der SNOW *protect* Schneewaage miteingeflossen und sorgen nun durch die Fernüberwachung für entspannte, schneereiche Winterabende bei unseren Kunden.

Mit dem Einsatz einer SNOW *protect* Schneewaage treffen Sie folgende Entscheidungen:

- Vorlaufzeit ausbauen um Maßnahmen zu treffen
- Keine unnötige Gefahr für Mitarbeiter und Gebäude
- Vorbeugung von Gebäudesperrungen
- Keine unnötigen teuren Dachräumungen
- Reduzierung von Gebäudebeschädigungen
- Einsparungen bei der Gebäudeversicherung möglich

Gerne beraten wir Sie zu Ihrer Sicherheit auf Ihrem Dach.
WIR KENNEN DEN SCHNEE!

Ebenfalls bieten wir Ihnen gerne auch unsere „vollautomatische Dachabtauanlage" an!

Hergestellt in Bayern

SF-Control GmbH • Leißstraße 6 • 83620 Feldkirchen-Westerham
www.schneewaagen.com • +49 8063 2071910 • info@sf-control.com

INTERSPORT
SPORTHAUS WERNE

Sporthaus Werne GmbH
Konrad-Adenauer-Straße 2 • 59368 Werne
Telefon: 02389-8061
sporthaus.werne@intersport.de • www.sporthaus-werne.de

Martin Gößl ist der Wirtschaftsreferent von SPORTS. Über ihn erfolgt die Bestellung und Zustellung der „Jahresski" für SPORTS-Mitglieder.

KLAUSNERHOF
berührt die Sinne

LANDHAUS KLAUSNER

Ihr Winterurlaub in Hintertux

100% Schneegarantie

Wir freuen uns auf Ihren Besuch

Hotel Klausnerhof & sein Landhaus

www.klausnerhof.at